부처님, 사는 게 무엇입니까?

부처님, 사는 게 무엇입니까?

깨달음의 말씀 365일

이강래 엮음

문지사

책머리에

부처님께서 중생들에게 설하신 수많은 경전 속에는 현대를 살아가는 우리들이 가슴 속에서 깊이 새겨야 할 훌륭한 문구들이 많이 수록되어 있어 큰 감동을 불러일으킨다.

그 경전 가운데 《법구경》과 《수타니파타》《잡아함경》을 비롯한 많은 경전에 수록되어 있는데, 그러한 말씀들은 불교를 믿는 신자는 물론 일반인들도 교훈으로 삼아야 할 금과옥조 같은 금언들이 가득 차 있다.

이러한 말씀들은 우리들이 하루하루를 살아가면서 생활의 지침으로 삼아 오늘을 직시하고 내일을 예견하여 삶을 슬기롭게 보내는 데 큰 도움이 될 것이다.

이 책에 수록된 말씀들은 모두 방대한 경전 중에서 가려 뽑았고 고승들의 어록에서 수집한 것들로 현대인이 읽기 쉽게 문장을 다듬어 엮었다.

부처님께서 설하신 지혜로운 말씀을 많은 사람들이 읽고 가슴에 깊이 새겨 생활의 평안을 되찾고 삶의 텃밭을 가꾸는 계기가 되기를 진심으로 바란다.

엮은 이

차례

1월 — 눈이 열려야 세상이 바로 보인다 · 9
2월 — 진리를 안다고 자처하지 말라 · 41
3월 — 사람의 마음도 거울과 같아야 한다 · 71
4월 — 삶은 마음이 만들어 내는 지혜다 · 103
5월 — 번뇌는 몸을 해치는 근본이다 · 135
6월 — 괴로움은 괴로움을 낳을 뿐이다 · 167
7월 — 삶에 고난이 없기를 바라지 말라 · 199
8월 — 마음에 끌리는 것에 집착하지 말라 · 231
9월 — 작은 배려가 고뇌를 벗어나게 한다 · 263
10월 — 진리를 찾으면 지혜의 밝음만 남는다 · 295
11월 — 진정한 사랑은 그 영원을 뛰어넘는다 · 327
12월 — 애욕은 늪과 같고 칼날과 같다 · 359

1월

눈이 열려야 세상이 바로 보인다

1월 1일

사람의 마음은 불꽃과도 같아
인연에 닿으면 타오른다

사람의 마음은 마치 허상과도 같아서 어지러운 마음에 의해 여러 가지 모양으로 나타난다.

사람의 마음은 마치 바람과도 같아서 붙잡을 수 없으며 그 모양도 보이지 않는다.

사람의 마음은 흐르는 물과 같아서 멈추지 않고 그 거품은 곧장 사라진다.

사람의 마음은 불꽃과도 같아서 인연에 닿으면 타오른다.

사람의 마음은 번개와도 같아서 잠시도 머무르지 않고 순간에 소멸한다.

사람의 마음은 허공과도 같아서 뜻밖의 연기로 더럽혀진다.

사람의 마음은 원숭이와도 같아서 잠시도 그대로 있지 못하고 계속 움직인다.

1월 2일

번뇌의 때를 벗고
지혜의 촛불을 들고 길을 바라보라

우리의 목숨은 매우 짧다.

그러므로 항상 부지런히 노력하라.

실로 이 세상은 덧없는 것, 정신을 차리지 못하여 어두운 곳에 떨어지지 말라.

마땅히 배워서 마음을 지키고 스스로 닦아 지혜를 구하라. 번뇌의 때를 벗고 지혜의 촛불을 들고 길을 바라보라. 〈수행본기경〉

1월 3일

뜻을 이루려고 하거든 인내부터 배워라

세상의 모든 사람들은 저마다 이익을 위해 각각 하고 싶은 것이 있다.

마음속에 바라는 것은 똑같으나 땀 흘려 노력하는 사람만이 그것을 얻을 수 있다.

사업을 이루는 데에는 참고 노력하는 것이 제일이다.

뜻을 이루려고 하거든 먼저 인내부터 배워야 한다. 〈별역잡아함경〉

1월 4일

세상에서의 가장 어려운 두 가지 일

세상에는 가장 어려운 두 가지 일이 있다.
첫째는 은혜를 갚을 줄 아는 것이요.
둘째는 비록 조그만 은혜라도 결코 잊지 않아야 한다.
큰 은혜는 물론, 아주 작은 은혜라 할지라도 잊지 않고 은혜 갚기를 더디게 해서는 안 된다. 〈증일아함경〉

1월 5일

네 종류의 악한 사람은 항상 멀리해라

네 종류의 악한 사람은 항상 멀리해야 한다.
첫째, 타인의 허물과 잘못을 즐겨 말하는 자.
둘째, 삿된 견해를 즐겨 말하는 자.
셋째, 입으로는 부드러운 좋은 말을 하나 속마음은 악한 이기심을 품고 있는 자.
넷째, 말은 많이 하고 일은 적게 하는 자이다. 〈우바새계경〉

1월 6일

마음을 잘 다스리는 사람은 안락하다

사람은 작은 일에도 마음이 흔들린다. 흔들리는 마음을 억제하기란 쉽지가 않다. 그러나 지혜가 있는 사람은 이를 곧장 바로잡는다.

마음을 바로잡는 것이 곧 행복의 시작이다. 마음은 보기도 어렵고 미묘하지만 지혜 있는 사람은 마음을 잘 다스린다. 이렇듯 마음을 잘 다스리는 사람은 안락한 삶을 살아간다. 〈법구경〉

1월 7일

눈이 열려야 세상이 바로 보인다

세상 사람들아, 눈을 크게 떠라. 누가 그대의 눈을 감겼단 말인가? 세상을 내 눈으로 스스로 보지 못하는 나쁜 버릇에서 하루 빨리 벗어나야 한다. 그리고 남의 눈으로 세상을 보아 온 그릇된 버릇에서 하루 빨리 벗어나야 한다. 활짝 열린 눈에는 어떤 티끌도 없다. 눈이 활짝 열려야 세상을 바로 볼 수 있다. 〈아함경〉

1월 8일

잡초는 밭을 망친다

잡초는 밭을 망친다. 이 세상 사람들은 지나친 욕심으로 자신을 망쳐 버린다. 그러므로 욕심을 버린 사람들에게 공양을 베풀면 큰 보답을 받는다.

이 세상 사람들은 집착으로 인하여 자신을 망쳐 버린다. 그러므로 집착을 떠난 사람들에게 공양을 베풀면 큰 보답을 받는다.

이 세상 사람들은 온갖 애욕으로 인하여 자신을 망쳐 버린다. 그러므로 애욕을 떠난 사람들에게 공양을 베풀면 큰 보답을 받는다.

이 세상 사람들은 노여움으로 인하여 자신을 망쳐 버린다. 그러므로 노여움을 떠난 사람들에게 공양을 베풀면 큰 보답을 받는다. 〈법구경〉

1월 9일

욕망의 쾌락보다 홀로 사는 고독을 택하라

사람은 세상을 살면서 어리석은 사람에게 칭찬을 듣기도 하고, 많이 배운 사람으로부터 비난을 받기도 한다.

욕망에 의한 쾌락도 있고, 혼자 사는 데서 오는 고독도 있다. 어리석은 사람의 칭찬보다는 많이 배운 사람의 비난이 더 낫고, 욕망에 의한 쾌락보다는 홀로 사는 고독이 더 낫다.

이 세상에는 온갖 부정한 방법으로 살아가는 사람도 있고, 법대로 살다가 죽는 사람도 있다. 부정한 방법으로 살아가기보다는 법대로 살다가 죽는 사람의 삶이 훨씬 낫다. 〈아함경〉

1월 10일

욕심 없는 사람은 마음의 괴로움도 없다

욕심을 부리지 않는 사람은 어떤 마음의 괴로움도 없다. 진실로 자유로운 사람이 모든 괴로움에서 벗어나듯이……, 잘못된 온갖 집착을 벗어버리고 세상을 있는 그대로 바라볼 때, 모든 두려움은 사라지고 비로소 자유인이 된다. 〈아함경〉

1월 11일

지혜로운 사람의 삶

비록 자신에게 유리하다고 교만하지 말고 불리하다고 비굴하지 말라. 무슨 말을 들었다고 쉽게 행동하지 말고, 그것을 깊이 생각하여 옳다고 생각될 때 과감히 행동하라.

벙어리처럼 침묵하고 임금처럼 말하며, 눈처럼 냉정하고, 불처럼 뜨거워져라.

태산 같은 자부심을 갖고 누운 풀처럼 자기를 낮추어라.

역경을 참아 이겨 내고 형편이 좋을 때를 조심하라.

재물을 오물처럼 여기고 분노를 잘 다스려라.

때로는 풍류를 마음껏 즐기고 사슴처럼 두려워할 줄 알고 호랑이처럼 무섭고 사나워라.

이것이 지혜로운 사람의 삶이다. 〈잡보장경 각색〉

1월 12일

자비심은 부처님의 마음이다

부처님에게 가까이 가려면 마음에 자비심을 가지는 것이 근본이다. 자비심을 가지게 되면 끝없는 선행을 베풀 수 있다.

어떤 사람이 무엇이 모든 선행의 근본이냐고 묻는다면 '자비심'이라고 대답하라.

자비심은 진실해서 헛되지 않고, 선행은 진실한 생각에서 나온다. 진실한 생각은 자비심이며, 자비심은 곧 부처님의 마음이다. 〈열반경〉

1월 13일

어리석은 사람과 지혜로운 사람

어리석은 사람과 지혜로운 사람은 각기 두 가지 특징이 있는데 첫째, 어리석은 사람은 자신이 할 수 있는 일은 하지 않고, 반대로 자신이 할 수 없는 일을 하려고 애쓴다. 둘째, 지혜로운 사람은 자신이 할 수 없는 일은 결코 하지 않으며, 자기가 할 수 있는 일만을 오직 열심히 한다. 〈증일아함경〉

1월 14일

지혜로운 사람의 재물은 죽은 뒤에도 남는다

넓은 들판의 맑은 호수는 비록 그 물이 맑고 깨끗해도 그것을 쓰는 사람이 없으면 호수는 스스로 말라 없어진다.

아무리 귀한 재물일지라도 어리석은 사람이 가지면 자기를 위해서 쓰지도 못하고 남을 위해 베풀지도 못 한다.

오직 모으고 지키느라 매일 걱정만 하다가 죽음과 함께 귀한 재물을 잃어버리고 만다.

지혜로운 사람은 재물을 남을 위해 쓸 줄도 알고, 자기를 위해 쓸 줄도 알기에 그가 죽은 뒤에도 공덕이 지워지지 않는다. 〈잡아함경〉

1월 15일

지혜로운 사람은 번민하지 않는다

모든 두려움은 한결같이 어리석은 사람에게서 생긴다. 그러나 지혜로운 사람에게는 결코 생기지 않는다.

세상의 모든 재난은 어리석은 사람으로부터 생기며, 모든 번뇌도 어리석은 사람으로부터 생긴다. 그리고 어리석은 사람은 항상 두려운 생각을 갖지만 지혜로운 사람은 두려운 생각을 갖지 않는다.

세상을 살면서 어리석은 사람은 재난을 만나지만 지혜로운 사람은 재난을 만나지 않는다. 그리고 어리석은 사람은 매일 번민하지만 지혜로운 사람은 번민하지 않는다. 〈아함경 다계경〉

1월 16일

사람들로부터 공경받을 자격을 갖춰라

사는 것에 대한 집착을 없애 버리고 진리의 세계로 들어간 사람, 애욕의 길을 끊어 가을 하늘처럼 투명한 사람, 자신을 깊이 성찰한 사람, 똑똑하고 꿋꿋하고 넉넉한 사람, 마음씨가 항상 온화하면서도 모든 불신감에서 벗어난 사람은, 마땅히 모든 이들로부터 공경받을 자격이 있다. 〈수타니파타〉

1월 17일

마음은 바람과 같다

마음은 마치 바람과 같다. 마음은 그 모습을 볼 수 없고, 잡을 수도 없다.

마음은 흐르는 물과 같아서 머무는 일 없이 일어났다가는 곧 사라지게 된다. 〈대보적경〉

1월 18일

마음의 문을 열면 가지 못할 곳이 없다

마음은 모든 깨달음의 뿌리이고 악행의 가지이다. 해탈도 자신의 마음에서 열매를 맺고, 윤회의 고통도 자신의 마음에서 싹이 튼다.

마음은 이 세상을 뛰어넘는 문이고 해탈로 나아가는 나루터다. 마음의 문을 열면 나아가지 못할까 하는 걱정이 없고, 나루터를 알면 강 건너 기슭에 이르지 않을까 하는 걱정이 없다. 〈달마〉

1월 19일

자기 중심으로 세상을 판단하지 마라

덧없는 생각, 부질없는 생각을 끊어야 한다.

그러면 마음이 넉넉하고 편안할 것이다.

덧없는 생각이란 무엇인가?

육신에 매달리는 것이고, 감각적인 쾌락에 매달리는 것이며, 자신이 곧 보고 느낀 생각들이 덧없는 것이고, 자기 중심적으로 세상의 모든 사물을 판단하는 것이 곧 덧없는 것이다. 〈잡아함경〉

1월 20일

이 몸은 이토록 보잘 것이 없다

이 몸은 마치 물거품과 같아 오래 버티지 못한다.
이 몸은 불꽃과 같아 끝없이 온갖 욕망을 일으킨다.
이 몸은 파초와 같아 결코 단단하지 못하다.
이 몸은 꿈과 같아 항상 헛된 것을 생각한다.
이 몸은 그림자와 같이 항상 업을 따라 나타난다.
이 몸은 산울림과 같아 인연을 따라 다닌다.
이 몸은 뜬구름과 같아 금세 없어진다.
이 몸은 마치 번개와 같아 한시도 머물러 있지 못한다.
이 몸은 깨달음이 없으니 마치 초목과 같다.
이 몸은 움직이지 않으니 허수아비와 같다.
이 몸은 깨끗하지 못하니 온갖 더러움으로 가득 차 있는 시궁창과 같다. 〈유마경〉

1월 21일

항상 참회하는 마음을 잊지 말아라

항상 뉘우치는 마음으로 세상을 살아야 한다. 뉘우치는 마음은 세상의 모든 엄숙하고 위엄이 있는 것 중에 제일이다.

뉘우치는 마음은 사람들의 잘못된 마음을 억제하기 때문에, 모든 사람들은 항상 참회하는 마음을 잊지 말아야 한다. 〈불유교경〉

1월 22일

지혜가 없는 자는 마음의 평정도 없다

지혜가 없는 사람에게는 항상 마음의 평정이 없다.

마음의 평정을 닦지 않은 사람에게는 밝은 지혜가 없다.

마음의 평정과 밝은 지혜를 겸비한 사람이야말로 진리에 가까이 다가가 있는 것이다.

그러므로 현명한 사람은 마음의 평정과 지혜를 함께 닦는다.

항상 지혜를 닦을지라도 보시布施를 하지 않는 사람은 비록 총명하고 사리에 매우 밝지만 가난하여 재산이 없다.

보시를 많이 할지라도 밝은 지혜가 없는 사람은 비록 재산을 얻을지라도 어리석고 식견이 없다. 그러므로 보시와 지혜를 함께 닦으면 재물과 지혜가 모두 갖추어진다. 〈소부경전〉

1월 23일

잘 다스려진 마음이 행복의 근원이다

마음은 걷잡을 수 없이 변덕스러워 그가 좋아하는 곳이면 어디든지 날아간다.

우리의 마음은 다스리기가 매우 어렵다. 그러나 현명한 사람은 마음을 잘 다스린다.

이처럼 잘 다스려진 마음이 곧 행복의 근원이다.〈법구경〉

1월 24일

욕심이 없는 사람은 삶을 슬퍼하지 않는다

욕심이 없는 사람은 마음의 고통이 없다.

진정으로 속박에서 벗어난 사람은 몹시 자유롭다. 헛된 삶을 이끄는 온갖 집착을 버리고 세상을 바라볼 때, 미래에 대한 두려움은 사라진다. 마치 무거운 짐을 내려놓고 나면 이제 더 이상 무거울 것이 없는 것처럼, 집착을 버린 사람은 목숨을 다한 것에도 만족한다.

진리에 도달하여 세상에 대해 아무런 아쉬움이 없는 사람은 세상의 고된 삶을 결코 슬퍼하지 않는다. 〈아함경〉

1월 25일

오늘을 충실히 살 때
삶은 생기에 넘쳐 맑아진다

오늘 할 일은 열심히 해야 한다. 세상 사람들은 누구나 죽음을 알 수 없다. 지나가 버린 것을 슬퍼하지 말고 미래를 동경하지 말고, 오늘을 충실히 살고 있을 때, 삶은 생기에 넘쳐 맑아진다.

어리석은 사람은 미래를 탐내어 갈구하고 지나간 것을 슬퍼함으로써 꺾인 갈대처럼 마침내 시들어 간다. 〈중대가전연일야현자경〉

1월 26일

참는 마음은 분한 마음을 이길 수 있고, 선행은 반드시 악행을 이긴다

어리석은 사람들은 지혜로운 사람을 이기고자 항상 거친 말과 험담을 일삼는다. 그러나 진실로 이기려는 사람은 많은 말보다는 침묵을 지킨다. 참는 마음은 분한 마음을 이길 수 있고, 선행은 반드시 악행을 이길 수 있다.

분노의 마음을 가슴속에 담고 있는 사람, 마음속에 고통과 괴로움이 함께 하여 불길 같은 마음에 사로잡힌 사람들은, 그 마음을 버리지 않는다면 스스로 깨달을 수 없다. 〈법집요송경〉

1월 27일

인간의 네 가지 고독

사람에게는 네 가지 고독함이 있다. 이 세상에 태어날 때는 혼자서 오고, 죽을 때도 혼자서 간다.

그리고 온갖 괴로움도 혼자서 받고, 윤회의 길도 혼자서 가야 한다. 〈근본설일체유부 비나야잡사〉

1월 28일

순서를 정해 항상 미리 준비하라

무슨 일이든지 앞과 뒤의 순서가 반드시 있게 마련이다. 순서를 정해 항상 미리 준비하라, 그러면 당황하거나 허둥대는 일이 결코 없을 것이다.

때가 되어야 비로소 노력을 기울이는 사람은 자신이 마땅히 할 일을 하지 않는 사람이나 다름없다. 〈본생경〉

1월 29일

지나간 일에 집착하지 말고 앞 일에 걱정하지 말라

지나간 일에 대해 집착하지 말고 앞 일에 대해 걱정하지도 말라.

오늘에 얻어야 할 것만을 생각하고 바른 지혜로 최선을 다할 뿐, 딴 생각을 품지 말라.

지나간 일에 집착하고 앞 일을 걱정하는 것은 마치 우박이 초목을 때리는 듯 어리석음의 불로 자신을 불태우는 것과 같다. 〈잡아함경〉

1월 30일

어리석은 사람과 지혜로운 사람

어리석은 사람에게는 항상 재앙이 따르지만 지혜로운 사람에게는 재앙이 따르지 않는다.

어리석은 사람에게는 온갖 장애가 따르지만 지혜로운 사람에게는 장애가 따르지 않는다.

어리석은 사람에게는 항상 질환이 따르지만 지혜로운 사람에게는 질환이 따르지 않는다.

어리석은 사람에게는 항상 잘못이 따르지만 지혜로운 사람에게는 잘못이 따르지 않는다. 〈사품법문경〉

1월 31일

마음과 현실을 뛰어넘는 길이 참된 수행의 길이다

보통 사람들은 현실에만 급급하고, 수행하는 사람은 오직 마음만을 붙잡으려고 한다. 그러나 마음과 현실을 뛰어넘는 길이 참된 수행의 길이다. 단지 현실만 추종하는 것은 마치 목마른 사슴이 아지랑이를 물인 줄 알고 찾아가는 것과 같고, 오직 마음만을 고집하는 것은 마치 원숭이가 물에 비친 달을 붙잡으려는 것과 같다.

현실과 마음이 비록 다르다 할지라도 거기에만 집착하면 양쪽이 모두 옳지 않다. 〈선가귀감〉

2월

진리를 안다고 자처하지 말라

2월 1일

보은報恩

앵무새 한 마리가 살던 곳을 떠나 다른 산에서 머무른 적이 있었다. 그곳에 사는 온갖 새와 짐승들은 앵무새를 몹시 사랑했다, 앵무새는 자기가 살던 곳으로 다시 돌아왔다.

얼마 후 자신을 사랑해 준 새와 짐승들이 사는 산에 큰 불이 났다. 앵무새는 그 소식을 듣자 그 산으로 곧장 날아가 자신의 날개에 물을 흠뻑 적셔 불을 끄려고 했다. 이를 지켜본 천신이 말했다.

"앵무새야. 네 날개에 묻은 물로 불을 어찌 끌 수 있느냐?"

"저도 잘 알고 있습니다. 그러나 예전에 제가 이 산에 있을 때 모든 새와 짐승들이 저를 형제처럼 매우 사랑했습니다. 그때 입은 은혜를 어떻게 모른 척할 수 있겠습니까?"

천신도 마침내 앵무새의 생각에 감동하여 곧장 비를 내렸다. 〈구잡비유경〉

2월 2일

느림의 지혜

두 사람이 같은 마을에서 어떤 곳을 향해 길을 떠나가게 되었다. 이때 한 사람은 빠른 말을 타고 다른 한 사람은 느린 말을 탔다.

빠른 말을 탄 사람은 빠른 말만 믿고 온갖 게으름을 피우며 자주 쉬었다. 그리고 느린 말을 탄 사람은 말이 느리다는 것을 알고 가는 도중에도 결코 게으름을 피우지 않았고 부지런히 갔다.

마침내 느린 말을 탄 사람이 먼저 목적지에 도착했다. 〈비파사론〉

2월 3일

자신이 어리석은 줄 아는 사람은 이미 어리석은 사람이 아니다

바보라는 소리를 듣는 한 제자가 부처님께 여쭈었다.

"부처님, 저는 너무 어리석어 아무리 노력해도 잘 안 됩니다. 그래서 남들이 항상 저를 바보라고 놀립니다. 어떻게 하면 수행을 잘 할 수 있을까요?"

부처님께서 말씀하셨다.

"자신이 어리석은 줄 아는 사람은 이미 어리석은 사람이 아니다. 진정으로 어리석은 사람은 자신이 어리석다는 사실을 모르는 사람이다."

사람은 반드시 자신을 성찰하는 습관을 길러야 한다. 〈아함경〉

2월 4일

아는 것이 적으면 진리를 안다고 자랑하지 말라

어느 날 어떤 사람이 소경들을 불러, 코끼리를 만지게 했다. 코끼리 다리를 만지는 사람도 있고, 코를 만지는 사람도 있고, 꼬리를 만지는 사람도 있었다.

그들은 코끼리를 만지고 나서 서로 코끼리에 대해 이야기를 했다. 다리를 만진 사람은 코끼리가 기둥처럼 생겼다고 했고, 코를 만진 사람은 코끼리가 동아줄처럼 생겼다고 했으며, 꼬리를 만진 사람은 큰 지팡이 같다고 하면서 서로 다투었다.

아는 것이 적은 사람이 스스로는 진리를 알고 있다고 자처하는데, 이 사람들도 역시 이런 부류라 하겠다. 〈삼혜경〉

2월 5일

작은 유혹 때문에 생명까지 잃는다

어떤 사람이 사자에게 쫓겨 광야를 헤매다가 말라 버린 우물을 발견하고 곧장 그 속으로 들어갔다.
그 우물 속에는 마침 밖으로부터 등나무 덩굴이 아래로 뻗어 있었다. 그래서 그 사람은 등나무 덩굴에 매달려 몸을 숨길 수 있었다. 그런데 머리 위에서 검은 쥐와 흰 쥐가 번갈아 가며 그 등나무 덩굴을 갉아 먹고 있었다. 말라버린 우물 벽에 독사가 다가오고 있었다. 우물 바닥에도 괴물이 있어 그가 떨어지기 만을 기다리고 있었다. 그 사람이 매달린 등나무 덩굴 위에는 벌집이 있어 벌들이 바쁘게 날아다녔다.

그때 그의 입으로 꿀 한 방울이 떨어졌다. 이 꿀맛이 너무도 좋은 나머지 자신이 놓여 있는 모든 상황을 잊어버리고 말았다. 광야에서는 들불이 번져 자신이 매달린 등나무 덩굴에 막 옮겨붙고 있는 중이었는데도. 〈비유경〉

2월 6일

자신의 모습도 모르면서 남을 탓한다

어떤 사람이 아내를 맞이하였다. 부부는 금슬이 몹시 좋았다. 어느 날 남편이 아내에게 부엌에서 술을 가져다 달라고 부탁했다. 아내는 술독을 열었다. 그리고 제 얼굴이 독 속에 있는 것을 보고 남편이 여자를 독 속에 숨겼다고 생각했다. 아내는 곧장 남편에게 따졌다. 의아스럽게 생각한 남편은 술독을 열었다. 독 속을 보니 자기 얼굴이 보였다. 남편은 아내에게 다른 남자를 숨겼다고 따졌다. 사람들은 모두 이와 같이 자신의 모습도 제대로 모르면서 다른 사람을 탓한다. 〈잡비유경〉

2월 7일

진정한 수행자는 시간의 속박이나 행동의 제약을 받지 않는다

진정한 수행자는 시간의 속박을 받지 않으며, 그리고 행동의 제약도 받지 않는다. 그는 어떤 속임수에도 쉽게 끌려가지 않으며, 어떤 지식에도 결코 현혹되지 않는다.

그리고 세상 사람들 사이에서 일어나는 갖가지 고난을 손쉽게 뚫고 지나가 버린다.

사람들은 모두 자신의 이익을 얻기 위해 눈이 빨개지지만, 그는 그러한 일에 조금도 관심이 없다. 〈수타니파타〉

2월 8일

부모님께 항상 효도하고 공경하되 때를 놓치지 말라

천년 만년 온갖 아름다운 옷과 고량진미와 약으로 봉양하고 받들더라도 부모님의 은혜를 다 갚은 것이 아니다.

자식은 부모님 덕택에 세상에 태어났으니, 그 은혜는 지극히 무겁다. 그러므로 부모님께 항상 효도하고 공경하되 때를 놓치지 말라. 〈증일아함경〉

2월 9일

좋은 그릇은
진흙에 차별이 있는 것이 아니다

그릇을 만드는 사람은 한 종류의 진흙으로도 여러 가지 아름다운 그릇을 만들고 똑 같은 불로 여러 가지 그릇을 빚어낸다.

그렇다고 해서 결코 그릇을 만드는 진흙에 차별이 있는 것은 아니다. 그리고 그릇을 굽는 불도 마찬가지여서 아무런 차이도 없다. 〈보장경〉

2월 10일

지나치게 애착하지 않으면 지혜의 새벽이 밝아 온다

수행하는 자는 항상 바른 지혜로 깊이 살펴서 마음이 사리에 어두워 갈피를 잡지 못하고 헤매지 않도록 노력해야 한다.

생각을 잘 가다듬어 지나치게 애착하는 마음을 일으키지 않는다면 반드시 지혜의 새벽이 밝아 올 것이다. 〈기신론〉

2월 11일

사람의 몸은 허물어진 집과 같아서 죽음이 머문다

사람의 몸은 마치 바닷가에 쌓은 모래성과 같아 파도가 치면 금세 없어진다. 그리고 사람의 몸은 깨진 그릇과 같아 물을 계속 채워도 항상 물이 새고 있다.

사람의 몸은 가을날 들판의 꽃처럼 늙어 버린다. 사람의 몸은 허물어진 집과 같아서 죽음이 머무는 집과 같다. 그러므로 항상 자신의 몸에 너무 애착을 갖지 말아야 한다. 〈수행도지경〉

2월 12일

착한 마음을 심으면 복을 얻고
나쁜 마음을 심으면 재앙을 얻는다

열매를 얻으려면 먼저 씨를 뿌려야 한다. 이처럼 착한 마음을 심으면 마침내 복을 얻게 되고 나쁜 마음을 심으면 재앙을 얻게 된다.

씨를 심지 않으면 열매를 얻지 못한다. 그리고 씨를 뿌리는 마음을 올바르게 가지면 그대의 행복은 스스로 찾아오게 된다. 〈견의경〉

2월 13일

바다에 들어가지 않으면 진주를 얻을 수 없다

연꽃은 낮고 축축한 진흙 속에서 피어난다. 그러므로 이 세상의 진흙 속에서 우리는 깨달음의 연꽃을 피워야 한다. 청정하고 깨끗한 허공에 씨앗을 뿌려 보라.

그러면 씨앗은 싹을 틔우지 않는다, 씨앗은 거름이 많은 땅에 뿌려져야 한다. 그래야만 비로소 싹을 틔운다.

그러므로 자신을 괴롭히는 욕망 · 노여움 · 어리석음이야말로 깨달음을 성취하는 데 필요한 토양이다. 바다에 들어가지 않으면 진주를 얻을 수 없다. 그리고 어지러운 세상의 바다에 들어가지 않으면 지혜의 보배는 결코 얻을 수 없다. 〈유마경〉

2월 14일

부모님의 큰 은혜는 어떻게 해도 다 갚을 수가 없다

자식은 아버지가 없다면 이 세상에 태어날 수 없고, 어머니가 없다면 성장할 수 없다. 당신의 생명은 아버지로부터 받고 당신의 육체는 어머니로부터 받았다.

사람은 세상에 태어나면서부터 어머니의 가슴을 잠자리로 삼고, 아버지의 무릎을 놀이터로 삼고, 어머니의 젖을 음식으로 하고, 아버지의 정을 생명으로 삼는다.

그러므로 아버지와 어머니를 업고서 수미산을 천 번 돌아서 뼈가 닳아 골수가 드러난다 하더라도 부모님의 큰 은혜는 다 갚을 수가 없다.〈부모은중경〉

2월 15일

스승의 가르침과 제자의 공경에는 한결 같은 법도가 있다

제자가 스승을 공경하고 받드는 데에는 예가 있다. 스승이 필요한 것을 스스로 살펴 바치고, 항상 예로서 공경하고 받들어야 하며, 스승을 존중하고 우러러야 하며, 스승의 가르침이 있으면 어김이 없이 실행해야 하며, 스승의 가르침을 듣고 잘 새겨야 한다. 그리고 스승이 제자를 보살피는 데에도 예가 있다.

제자를 규칙에 따라 보살펴야 하며, 제자가 듣지 못한 것을 가르쳐주고, 제자가 묻는 바를 알게 해 줄 것이며, 제자에게 착한 것을 보여 주고, 제자에게 자신이 아는 것을 다 가르쳐 주어야 한다. 〈선생경〉

2월 16일

착한 생각은 벼와 같고 나쁜 생각은 풀과 같다

몸은 마치 땅과 같다. 그리고 착한 생각은 벼와 같고, 나쁜 생각은 풀과 같다.

풀을 없애 버리지 않으면 벼를 수확하지 못하듯이 사람이 나쁜 생각을 버리지 않으면 깨닫지 못하고 화를 내면 모든 삶은 가시덤불이 된다. 〈아함경〉

2월 17일

부처님의 말씀은 큰 배를 움직이는 사공과 같다

부처님의 말씀은 큰 배를 움직이는 사공과 같아서, 그 말씀을 잘 지키고 잘 따르면 삶의 고통을 이겨낼 수 있다.

그 말씀은 마치 맑은 물과도 같아 사람들의 죄악을 씻어 주어 깨끗한 마음을 항상 갖게 하여 결코 그릇된 마음을 일으키지 않게 한다. 〈승지율〉

2월 18일

목숨이 다할 때까지 노력한다면 못 이룰 것이 없다

어떤 사람이 구슬을 가지고 바다를 건너다가 그 구슬을 빠뜨렸다. 그러자 그는 바가지로 바닷물을 배 위로 퍼내기 시작했다.

그때 바다의 신이 말했다.

"너는 어느 세월에 이 물을 다 퍼내겠느냐?"

그는 말했다.

"이 목숨이 죽고 또다시 이 세상에 태어나더라도 결코 중단하지 않겠습니다."

바다의 신은 마침내 그의 뜻이 큰 것을 알고 구슬을 내주었다.

무엇이든지 생명이 다할 때까지 계속한다는 마음으로 노력한다면 못 이룰 것이 없다. 〈삼매경〉

2월 19일

도둑질은 새는 그릇에 물을 채우는 것과 같다

도둑질을 하면서 마음을 닦는 것은 마치 새는 그릇에 물을 가득 채우려는 것과 같고, 거짓말을 하면서 마음을 닦는 것은 마치 인분人糞으로 향香을 만들려는 것과 같다. 〈선가귀감〉

2월 20일

선행은 세상 끝까지 전해진다

아무리 좋은 꽃향기도 바람을 거슬러 퍼지지 못한다.
그러나 착한 사람의 선행은 바람을 거슬러 세상의 끝까지 전해진다.〈법구경〉

2월 21일

세상을 살면서 너무 많은 인연을 만들지 말라

세상을 살면서 너무 많은 인연을 억지로 만들지 말라. 그리고 어떤 일이 있어도 세속적인 사람들을 멀리해야 한다.

세속의 일에 너무 힘쓰지 말아야 한다. 이리저리 좇아다니며 미식을 탐닉하는 사람은 복을 만들 기회를 놓친다.

참된 수행자는 사람들로부터 받는 공양과 존경에 초연하나, 평범한 사람은 남에게 받는 존경으로부터 초연하기 힘들다. 〈장로게경〉

2월 22일

수행자는 수행자답게 살아가는 것을 찬미하고 경건하게 받들어야 한다

수행자는 수행자답게 살아가는 것을 찬미하고 경건하게 받들어야 한다. 그런데 요즈음 수행자들은 재물이 많은 사람이 찾아오면 반갑게 맞이하고 그를 찬미한다. 이것은 이익이 있을 것이라고 생각하기 때문이다.

그런 수행자는 우환이고, 수행을 무너뜨리며, 수행의 큰 장애이고, 현재와 미래를 그르친다. 이것은 마침내 번뇌의 원인이 되어 결국 윤회를 벗어나지 못한다. 〈잡아함경〉

2월 23일

물은 사물의 그림자를 잘 나타낸다

물은 사물의 그림자를 잘 나타낸다. 그러나 이것을 솥에 넣고 불을 때서 솥의 물을 끓게 하거나, 다시 헝겊으로 그 위를 덮는다면, 사람들이 자신의 모습을 비추어 보려고 노력해도, 자기의 그림자를 볼 수 없다. 이는 사람의 마음이 온갖 잡다한 것으로 들끓는 것과 마찬가지다. 〈사십이장경〉

2월 24일

은혜를 입고 그에 보답하는 것은 올바른 행동이다

부모님을 봉양하고, 남편과 윗사람을 잘 받들어 모시며, 자식과 며느리를 보살피는 것은 올바른 행동이다.

항상 베푸는 것을 즐겨하고, 법을 행하고 배우고 닦으며, 친한 친구를 사랑하고, 술 마시는 것을 멀리하고, 모든 악한 일을 행하지 않으며, 항상 자애로운 말을 행하며, 공경하고 존중하며, 욕심이 적고 주어진 여건에 만족할 줄 알며, 은혜를 입고 그에 보답하는 것은 올바른 행동이다. 〈우바이정행법문경〉

2월 25일

좋은 숲을 선택한 새는 잠자리가 편안하다

새가 쉬고자 할 때 반드시 숲을 찾듯이 사람은 스승과 친구를 가려야 한다. 좋은 숲을 선택한 새는 잠자리가 편안하고 훌륭한 스승과 친구를 잘 만나면 학문이 높아진다.

그러므로 좋은 친구를 만나기를 부모님 섬기듯이 하고, 나쁜 친구는 반드시 멀리해야 한다. 〈자경문〉

2월 26일

아버지의 사랑은 무덤까지 이어지고
어머니의 사랑은 영원까지 이어진다

부모와 자식, 형과 아우, 남편과 아내, 그리고 친족들끼리 서로 아끼고 사랑하라.

그리고 어떤 경우에도 질투하거나 증오하지 말고 얼굴빛은 항상 부드럽고 따뜻하게 하라. 설령 서로 멀리 떨어져 있다고 해도 언제나 걱정하는 마음을 가져라.

아버지의 사랑은 무덤까지 이어지고 어머니의 사랑은 영원까지 이어진다. 〈무량수경〉

2월 27일

애욕은 마치 꽃밭에 숨어 있는 독사와 같다

축축한 땅에 잡초가 무성하듯 애욕의 습지에는 온갖 번뇌의 잡초가 무성하다.

애욕은 마치 꽃밭에 숨어 있는 독사와 같다.

사람들은 독사에 물려 죽는 줄도 모르고 꽃을 탐하여 꽃밭으로 달려간다.

이처럼 애욕이 숨어 있는 곳에는 언제나 유혹이 뒤따른다. 〈열반경〉

2월 28일

집착이 없는 사람에게는 근심도 걱정도 없다

소를 가진 사람은 소가 있는 것을 기뻐하고 자녀가 있는 사람은 자녀가 있으므로 기뻐한다. 이러한 집착이야말로 인간의 기쁨이 아닐 수 없다.

그러나 소를 가진 사람은 소 때문에 걱정하고 자녀를 가진 사람은 자녀 때문에 항상 걱정한다.

사람의 근심과 걱정은 집착에서 비롯된다. 집착이 없는 사람에게는 근심도 걱정도 없다. 〈수타니파타〉

2월 29일

지혜로운 사람은 깨끗한 물로 가득 찬 호수와도 같다

얕은 물은 요란한 소리를 내며 흐른다. 그러나 깊은 물은 소리를 내지 않는다. 모자라는 것은 항상 소리를 내지만, 가득 찬 것은 소리를 내지 않는다. 이처럼 어리석은 사람은 채우다 만 항아리와 같고, 지혜로운 사람은 깨끗한 물로 가득 찬 호수와 같다. 〈수타니파타〉

3월

사람의 마음도 거울과 같아야 한다

3월 1일

마음을 맑고 고요하게 가져라

마음은 항상 맑고 고요하게 가져라. 입은 항상 경계하여 아첨하거나 속이지 말라.

그리고 시끄럽거나 나쁜 곳을 멀리하라.

조용한 곳에 살면서 몸가짐을 항상 조심하라. 만일 비난하는 말을 듣더라도 참아야 한다. 〈보살장정법〉

3월 2일

씨앗은 좋은 땅을 만나면 절로 뿌리를 내린다

씨앗은 좋은 땅을 만나면 뿌리를 내린다. 그리고 줄기가 잘 자라 열매를 알차게 맺는다. 그러나 나쁜 밭에 씨앗을 뿌리면 뿌리를 잘 내리지 못하고 열매를 맺지 못한다.

깨달음도 이와 마찬가지다. 지혜로 사리를 잘 헤아리면 온갖 진리가 마음에 생긴다. 그러나 어리석어 지혜가 없는 경우, 비록 공부를 열심히 한다고 해도 깨닫기가 어렵다. 〈방편심론〉

3월 3일

구도자의 길은 홀로 있는 것이며, 홀로 있어야만 즐거울 수 있다

절대로 마음이 가라앉아서는 안 된다.
그리고 쓸데없이 많은 것을 생각해서도 안 된다.
걸리는 것 없이 살아라.
항상 깨끗한 행동을 마지막 의지의 대상으로 삼아라.
고독하게 홀로 앉아 있어라.
구도자의 길은 홀로 있는 것이며, 홀로 있어야만 즐거울 수 있다. 〈수타니파타〉

3월 4일

삶이 확실한 것이 아니라, 오히려 죽음이 확실한 것이다

이 세상에 죽지 않는 생명은 없고, 어떤 존재도 영원불멸이란 있을 수 없다.

세상의 생명이 있는 것은 모두 죽고, 인연으로 이루어진 것은 반드시 소멸된다는 이치를 깨달아야 한다.

삶이 확실한 것이 아니라, 오히려 죽음이 확실한 것이다. 사람은 언제 어떻게 죽을지를 모르기 때문에 마치 죽음이 없는 것처럼 착각하고 사는 존재이다. 〈자타카〉

3월 5일

온갖 근심과 괴로움을 불러들인 고통의 나무는 점점 크게 자란다

가슴이 답답한 것을 근심이라 하고, 눈물을 뿌리면서 슬퍼하는 것을 탄식이라 한다.

근심과 괴로움은 온갖 고통을 불러들인다. 고통의 나무는 이렇게 하여 점점 크게 자란다. 〈화엄경〉

3월 6일

착한 일을 한 사람은 좋은 곳에, 악한 일을 한 사람은 나쁜 곳에 태어난다

사람은 이 세상에 홀로 태어났다가 홀로 죽어 간다.

그리고 자신이 지은 선악의 행위에 의해 즐거움과 괴로움의 세계에 이른다. 자신이 지은 인과응보因果應報는 그 누구도 대신할 수 없다.

착한 일을 한 사람은 좋은 곳에, 악한 일을 한 사람은 나쁜 곳에 태어난다. 그러므로 누구나 인과응보의 늪으로 간다.

멀리 떨어진 세상으로 각기 떠나 버리기 때문에 언제 다시 만날 기약도 없다. 〈무량수경〉

3월 7일

옛것을 너무 좋아하지 말고 새것에 너무 매혹당하지 말라

옛것을 너무 좋아하지 말고 새것에 너무 매혹당하지도 말라.

사라져 가는 모든 것에 대해 너무 슬퍼하지 말고, 잡아당기는 사람에게 결코 사로잡히지도 말라.

우리는 이것을 탐욕이라 일컫고, 거센 삶의 격류라 부르고, 불안 · 초조 · 근심 · 걱정이라 부르고, 건너기 어려운 욕망의 늪이라 부른다. 〈수타니파타〉

3월 8일

자신의 행동에 따라 천한 사람이 될 수 있고 귀한 사람이 될 수 있다

인간의 귀천은 사람이 태어날 때부터 정해져 있는 것이 아니다. 사람의 귀천은 오로지 그 사람의 행위에 의해서 결정된다.

천한 사람은 항상 천박하게 행동하고 귀한 사람은 고귀한 행동을 하기 때문이다. 이렇듯 사람은 자신의 행동에 따라 천한 사람도 될 수 있고 귀한 사람도 될 수 있다. 〈유행경〉

3월 9일

지혜로운 사람은 자기 자신을 잘 다스린다

물을 다스리는 사람은 물을 계속 끌어들이고 활을 만드는 사람은 화살을 곧게 만든다.

목수는 나무를 다듬고 지혜로운 사람은 자기 자신을 잘 다스린다. 〈법구경〉

3월 10일

양보하는 마음이 덕을 쌓는다

길을 가면서 반드시 두 가지 해야 할 일이 있다. 매우 무더울 때와 비가 올 때 나무 그늘이나 집이 있으면 남에게 먼저 양보하고, 샘물이 있으면 남에게 먼저 양보하는 일이다. 〈보살내계경〉

3월 11일

칭찬이나 비난에 흔들리지지 않는 사람이 진정한 성자이다

남을 괴롭히지 않고 또 자신도 괴롭힘을 당하지 않는 사람, 자신을 잘 다스려 악을 피하고 젊었을 때나 나이가 들어서도 자신을 지킬 줄 아는 사람, 온갖 욕정과 욕심을 잘 다스리는 사람, 그리고 칭찬을 해도 또 비난을 퍼부어도 마치 나무와 같이 움직이지 않는 사람, 이런 사람이 진정한 성자이다. 〈수타니파타〉

3월 12일

사람의 마음도 거울과 같아야 한다

거울은 세상의 어떤 모습도 모두 비춰 준다. 길거나 짧거나, 크거나 작거나 그 본디 모양에 따라서 제각각 형상을 나타낸다.

거울은 더하지도 않고 덜하지도 않는다. 이는 거울에 분별력이 있어서 그런 것이 아니라, 거울의 본성이 밝기 때문에 모든 형상을 비추어 준다. 사람들의 마음도 거울과 같아야 한다. 〈화엄경〉

3월 13일

하루하루를 살아가는 최선의 길

슬픔이 있으면 기쁨이 있고, 기쁨이 있으면 슬픔도 있으므로 기쁨과 슬픔을 가다듬고 선도 없고 악도 없어야 비로소 마음의 평안을 얻게 된다.

지난날의 추억을 그리워하면 마치 꺾어진 갈대와 같아서 초췌해진다. 그러나 지난날의 일을 반성하고 오늘을 성실하게 살아간다면 몸도 마음도 건전해진다.

과거에 매달리지도 말고 미래를 걱정할 필요도 없다. 오직 오늘의 한 생각만을 굳게 지켜야 한다.

오늘 할 일을 내일로 미루면 결코 안 된다. 진실하고 굳건하게 살아가는 것, 그 누구에게나 그것이 하루하루를 살아가는 최선의 길이다. 〈법구경〉

3월 14일

후회 없이 마음껏 사랑하라

아무리 많은 삶을 반복한다 해도 사랑하는 사람과 다시 만난다는 것은 어려운 일이다.

지금 사랑하는 사람이 있다면 후회 없이 마음껏 사랑해야 한다. 그대에게 사랑할 시간은 그리 많지 않다. 〈입보리행론〉

3월 15일

사랑하는 마음을 닦는 네 가지 근본

사랑하는 마음을 닦는 사람은 탐욕을 끊게 되고, 가련함을 갖는 마음을 닦는 사람은 성내는 일을 끊게 되며, 축복의 마음을 닦는 사람은 괴로움을 끊게 되고, 버리는 마음을 닦는 사람은 탐욕과 성냄, 차별하는 마음을 끊게 된다.

이 네 가지 마음은 온갖 착한 일의 근본이 된다. 〈열반경〉

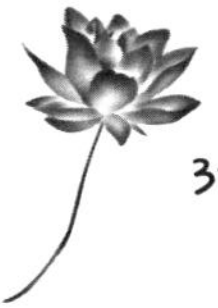

3월 16일

활을 만드는 장인은 날카로운 살촉을 조심하고 뱃사공은 배를 조심해야 한다

활을 만드는 장인은 날카로운 살촉을 조심하고, 뱃사공은 배를 조심해야 한다. 지혜로운 사람은 항상 행동을 신중하게 하여 주위 사람들의 비방과 칭찬에 동요하지 않는다.

마치 큰 바위가 바람에 흔들리지 않듯이 지혜 있는 사람은 마음이 항상 깨끗하여 마치 깊은 못이 맑은 것과 같다. 〈법구경〉

3월 17일

한순간의 성난 마음은 착한 마음을 태운다

사람의 몸은 마치 마른 섶과 같고, 성난 마음은 불과 같아서 남을 태우기 전에 먼저 제 몸을 불태운다.

한순간의 성난 마음은 착한 마음까지 태운다. 〈법구경〉

3월 18일

욕심을 버릴 때 내면의 평화를 얻는다

사람이 순수해지는 것은 학문이나 지식, 그리고 도덕의 어떤 교리에 의해서도 아니다. 또한, 학문이나 지식도 없이, 계율이나 도덕을 무시함으로써 순수해질 수 있는 것도 아니다.

어떤 긍정도 하지 말고, 어떤 부정도 하지 말고, 어떤 것도 고집하지 말고, 구애받지 않아야 한다. 그 어디에도 의존하지 말고 조용히 가야 하며 삶에 대한 욕심을 품지 말아야 한다. 이것이 바로 내면의 평화를 얻는 올바른 길이다. 〈수타니파타〉

3월 19일

보다 나은 삶을 살기 위해서 잠은 아무런 도움이 되지 않는다

항상 일어나 단정하게 앉아 있어야 한다. 보다 나은 삶을 살기 위해서 잠은 결코 아무런 도움이 되지 않는다.

비록 화살에 맞는 일이 생기더라도 항상 눈을 부릅뜨고 있어야 한다.

일어나 앉아 있어야 한다. 평안하고 행복한 삶을 살기 위해서는 노력하여 계속 배울 뿐이다. 〈수타니파타〉

3월 20일

이 세상에는 무슨 일이든지 순서가 있게 마련이다

이 세상에는 무슨 일이든지 순서가 있게 마련이다.

우선 순위에 따라 철저하게 준비해야 한다. 막상 때가 되어서야 허둥대며 당황할 필요가 없다. 때가 이르러 비로소 노력을 하는 것은 마땅히 할 일을 하지 않은 것과 다름없다. 〈본생경〉

3월 21일

행동은 마음으로부터 비롯되고 마음은 외부로부터 움직인다

행동은 마음으로부터 비롯되고 마음은 외부로부터 움직인다.

본디 인간의 마음에는 선악이 따로 없다. 오직 외부의 조건과 상황에 의해서 선과 악이 비롯될 뿐이다.

그러므로 어떠한 환경에 처했을지라도 항상 굳은 마음을 갖도록 하는 것이 가장 중요하다. 〈정법안장〉

3월 22일

지나간 것은 쫓지 말고 오지 않는 것은 기다리지 말라

지나간 것은 쫓지 말고, 오지 않는 것은 기다리지 말며, 과거는 이미 지나가 버렸고, 미래는 아직 오지 않았다. 그리고 현재도 순간순간 변하고 있다.

그러므로 '오늘'을 잘 살도록 노력하지 않으면 안 된다. 〈중부경전〉

3월 23일

명예와 탐욕은 아침 이슬과 같다

해가 뜨고 지고 달이 뜨고 지는 것은 우리를 늙음으로 몰고 가는 현상이다. 명예와 탐욕, 그것은 아침 이슬과 같다. 그리고 고통과 번민, 온갖 영화와 출세, 그것은 저녁 무렵의 연기와 같다. 〈야운, 자경문〉

3월 24일

교만하지 않는 사람이 올바른 삶을 사는 것이다

말과 행동이 똑같고, 생각하는 바가 바르고 곧아서 어느 누구에게도 조금도 거슬리지 않는 사람, 많은 사람들이 존경해도 결코 우쭐 대지 않고, 비록 비난을 받아도 그것을 마음에 두지 않는 사람, 남에게 대접을 받아도 조금도 교만하지 않는 사람, 그는 이 세상에서 가장 올바른 삶을 살고 있는 사람이다. 〈수타니파타〉

3월 25일

짧게 살 행동을 하면 짧게 살고
오래 살 행동을 하면 오래 살게 된다

짧게 살 행동을 하면 짧게 살고 오래 살 행동을 하면 오래 살게 된다. 천한 행동을 하면 천해지고, 귀한 행동을 하면 반드시 귀하게 된다. 가난한 행동을 하면 계속 가난해지고, 부유한 행동을 하면 부유해진다. 〈앵무경〉

3월 26일

비열한 삶은 쉽지만, 그 반대의 삶을 사는 사람에게는 힘든 고행이다

부끄러워할 줄 모르는 사람, 낯이 두꺼운 사람, 중상모략을 일삼는 사람, 남을 헐뜯는 사람, 뻔뻔하고 비열한 사람들에게 있어서 삶은 너무나 쉽고 간편하다.

하지만 부끄러워할 줄 알고 영혼의 순결을 지키려는 사람, 매사에 신중한 사람, 언제 어디서나 해탈의 경지에 이르려는 사람들에게는 삶은 너무나 힘든 고행의 길이다. 〈법구경〉

3월 27일

현명한 사람은 세상의 어떤 것에도 머무르지 않는다

현명한 사람은 세상의 어떤 것에도 머무르지 않으며, 결코 사랑하지도 않고 미워하지도 않는다.

연잎 위의 물방울이 연잎을 더럽힐 수 없는 것 같이 슬픔과 인색함이 결코 그를 더럽힐 수 없다. 〈수타니파타〉

3월 28일

지혜로운 사람은 보고 듣고, 생각한 것에서 멀리 떨어져 있다

항상 형식을 고집하는 사람은 온갖 변명과 잡다한 생각을 늘어놓는다. 그러나 지혜로운 사람은 결코 변명이나 잡다한 생각 따위는 늘어놓지 않는다.

그는 자신이 본 것과 들은 것, 생각한 것으로부터 멀리 떨어져 있다. 그러므로 세상의 그 무엇도 그를 더럽힐 수 없다. 〈수타니파타〉

3월 29일

진정한 행복을 추구하는 사람은 비탄과 고뇌에 찬 독소를 뽑아 버린다

타오르는 불을 물로 꺼 버리듯 지혜롭고 현명한 사람은 슬픔이 일어나는 것을 재빨리 꺼 버린다.

바람이 티끌을 멀리 날려 보내듯, 자신의 진정한 행복을 추구하는 사람은 비탄과 고뇌와 불만에 찬 독소를 뽑아 버린다. 〈수타니파타〉

3월 30일

편견을 고집하는 사람들은 서로 부딪치면서 이 세상을 고되게 살아간다

차별의 생각에서 벗어난 사람은 더 이상 속박이 있을 수 없다.

지혜를 통해서 자유를 얻은 사람은 사리에 어두워 갈피를 잡지 못하고 헤매이거나 착각이 있을 수 없다.

그러나 편견을 고집하는 사람들은 서로 부딪치면서 이 세상을 고되게 살아간다. 〈수타니파타〉

3월 31일

세상 사람들은 몹시 어리석고 미혹하여 항상 욕망에 집착한다

세상 사람들은 몹시 어리석고 미혹하여 항상 욕망에 집착한다.

그리하여 끝까지 욕망을 버리지 않기 때문에 살아서는 물론 죽어서도 반드시 괴로움을 받게 된다.

마치 맛있는 과일을 따기 위해 나무에 올라가다가 아래로 떨어져 죽는 것과 같다. 〈대지도론〉

4월

삶은 마음이 만들어 내는 지혜다

4월 1일

사랑으로부터 벗어나라

사랑으로부터 벗어나라, 그리고 미움으로부터 과감하게 벗어나라.

사랑의 끝도 고통이요, 미움의 끝도 고통이 따른다.

그러므로 사랑하는 사람을 가지지 말라.

사랑을 잃어버릴 때 그것은 견딜 수 없는 큰 고통이 된다.

사랑도 없고 미움도 없는 사람은 그 어디에도 얽매이거나 구속되지 않는다.

사랑으로부터 온갖 슬픔과 고통이 생긴다.

하지만 사랑으로부터 벗어나면 슬픔도 고통도 없다.

애정으로부터 슬픔과 고통이 생긴다.

하지만 애정으로부터 벗어나면 슬픔도 고통도 없다.

세상의 쾌락으로부터 슬픔과 고통이 생긴다.

하지만 쾌락으로부터 벗어나면 슬픔도 고통도 없다.

반드시 욕망으로부터 슬픔과 고통이 생긴다.〈법구경〉

4월 2일

마음의 정체는 결코 알 수 없다

사람의 마음은 존경에 의해, 그리고 분노에 의해 때때로 흔들리면서 교만해지기도 하고 비겁해지기도 한다.

마음은 도둑처럼 모든 선행을 훔쳐 간다.

마음은 부나비처럼 아름다운 빛깔을 좋아한다.

마음은 북처럼 소리를 좋아한다.

마음은 멧돼지처럼 썩은 냄새를 좋아한다.

마음은 음식을 보고 침을 흘리는 개처럼 맛을 좋아한다.

마음은 기름 접시에 달라붙는 파리처럼 감촉을 좋아한다.

이와 같이 세밀하게 관찰해도 마음의 정체는 결코 알 수 없다. 〈보적경〉

4월 3일

마음을 잘 다스리는 사람은 곧 평안함을 얻는다

마음은 언제나 변하기 때문에 지키기도 힘들고 다루기도 힘들다.

마음은 잡기도 어렵고 쉽게 흔들리며 탐하는 대로 달아난다.

마음을 바로잡는 일이 곧 행복의 근본이다.

마음은 비록 보이지 않지만 지혜 있는 사람은 마음을 잘 다스린다.

마음을 잘 다스리는 사람은 곧 평안함을 얻는다. 〈법구경〉

4월 4일

모든 착한 일의 근본이 되는 네 가지 마음

사랑하는 마음을 닦는 사람은 탐욕을 끊게 되고, 불쌍히 여기는 마음을 닦는 사람은 노여움을 끊게 되며, 남을 기쁘게 하는 마음을 닦는 사람은 괴로움을 끊게 되고, 자신을 버리는 마음을 닦는 사람은 탐욕과 분노, 차별하는 마음을 버리게 된다.

이 네 가지 마음은 모든 착한 일의 근본이 된다. 〈열반경〉

4월 5일

삶은 마음이 만들어 내는 지혜다

오늘은 어제의 생각에서 비롯되었고, 오늘의 생각은 내일의 삶을 만들어 간다.

삶은 곧 마음이 만들어 내는 것이니 순수한 마음으로 말과 행동을 하게 되면 그림자가 물체를 따르듯 기쁨은 그를 따른다. 〈법구경〉

4월 6일

마음은 빛깔이 없어 볼 수도 없으며
머무는 곳이 없어 붙잡을 수도 없다

마음은 안에 있는 것도 아니요,

밖에 있는 것도 아니요, 그리고 중간에 있는 것도 아니다.

마음은 파랑 · 노랑 · 빨강 · 하양 · 까망 등의 빛깔도 아니다.

마음은 빛깔이 없어 볼 수도 없으며, 머무는 곳이 없어 붙잡을 수도 없다는 것을 알아야 한다. 〈문수사리보초삼매경〉

4월 7일

사람의 마음은 자신이 생각하는 쪽으로 기울어지기 쉽다

사람의 마음은 자신이 생각하는 쪽으로 기울어지기 쉽다.

탐욕을 생각하면 탐욕스러운 마음이 생기고, 노여움을 생각하면 노여운 마음이 생기고, 어리석음을 생각하면 어리석은 마음이 생긴다. 〈잡아함경〉

4월 8일

집착하는 마음은 좋고 나쁨을 가린다

집착하는 마음은 좋고 나쁨을 가리게 된다. 그리고 좋고 나쁨을 가리게 되면 더욱 집착하게 된다. 좋고 나쁨의 가림과 집착은 서로 어우러져 더욱 얽히고 깊어진다.

그래서 갈등과 번민은 소용돌이에 매몰된다. 집착으로 인해서 욕심이 생겨나기 때문에 자신을 잘 다스려 항상 탐욕에 물들지 않도록 해야 한다. 〈아함경〉

4월 9일

자신의 행복한 삶을 위해 마음속에 품고 있는 뜻을 따라간다

사람들은 저마다 자신의 행복한 삶을 살기 위해 자신이 마음속에 품고 있는 뜻을 따라간다. 사람들이 마음속에 품고 있는 뜻은 오직 한 가지다. 오늘보다 더욱 나은 내일이기를 바라는 것이다.

이 바램은 땀 흘려 노력하는 자만이 얻게 된다. 그래서 참는 것이 제일이고, 뜻을 이루고자 할 때는 먼저 욕심을 절제하는 것을 배워야 한다. 〈별역잡아함경〉

4월 10일

몸이나 말로 좋은 일을 행하면 이승에서나 저승에서나 행복할 것이다

몸으로서 악한 행동을 행하지 말라.

언어로서 악한 행동을 행하지 말라.

마음으로 악한 행동을 행하지 말라.

대신 육체적으로 항상 좋은 일을 행하며, 말로서 좋은 일을 행하며, 마음으로 좋은 일을 행하여라.

항상 두려움을 갖지 말고 좋은 일을 많이 행하여라.

육체로서 좋은 일을 행하고 말로서 좋은 일을 행한다면

그 사람은 이승에서도 행복하고 저승에서도 행복하게 살 수 있을 것이다. 〈소부경전〉

4월 11일

자신의 마음에 드는 것에 집착하지 말라

자신의 마음에 드는 것에 집착하지 말라.
왜냐하면 그것은 자신의 탐욕을 끊어 버리기 위함이다.
마음에 거슬리는 것에 노여워하지 말라.
왜냐하면 증오하는 마음을 없애기 위함이다.
현혹하는 말에 집착하지 말라.
왜냐하면 어리석음을 끊어 버리기 위함이다. 〈잡아함경〉

4월 12일

숲처럼 평온한 태도를 취하라

사랑과 증오라는 적은 손도 없고 발도 없다.
그리고 용감하지도 않고 지혜롭지도 못하다.
그런데도 마음대로 그대를 부리고 있다.
지금 그대는 어떤가?
사랑과 증오 어느 쪽으로 기울고 있는가,
그렇다면 곧장 행동으로 옮기지 말고
숲처럼 평온한 태도를 취하라. 〈입보리행론〉

4월 13일

한결같은 마음은 고요에 이르는 길이다

게으름은 곧 더러움에 이르는 길이요, 부지런함은 깨끗함에 이르는 길이다.

마음대로 거리낌 없이 함부로 행동하는 것은 마음을 어지럽게 하는 길이요, 한결같은 마음은 고요에 이르는 길이다. 〈문수사리정률경〉

4월 14일

자신이 저지른 잘못을 깨닫기는 참으로 어려운 일이다

남의 허물을 보지 마라.

남이 한 것과 하지 않은 것을 보지 마라.

오직 자신이 행동한 것과 하지 않은 것만 보라.

남의 잘못을 찾아내기는 쉬운 일이나 자신이 저지른 잘못을 깨닫기는 참으로 어려운 일이다.〈법구경〉

4월 15일

불타는 어리석음의 집으로부터 벗어나라

탐욕은 어리석음의 아들이다.
어리석음과 탐욕은 곧장 불행을 부른다.
불행은 모든 어리석음으로부터 비롯된다.
그러므로 불타는 어리석음의 집으로부터 벗어나라. 〈여시어경〉

4월 16일

이 세상에는 섬기고 공경할 만한 일곱 종류의 사람이 있다

이 세상에는 섬기고 공경할 만한 일곱 종류의 사람이 있다.

첫째, 사랑하는 마음을 가진 사람
둘째, 연민하는 마음을 가진 사람
셋째, 남을 기쁘게 하는 마음을 가진 사람
넷째, 남을 보호하고 감싸는 마음을 가진 사람
다섯째, 집착하지 않고 마음을 비운 사람
여섯째, 부질없는 생각을 하지 않는 사람
일곱째, 바라는 것이 없는 사람 〈증일아함경〉

4월 17일

이 세상에서 가장 행복한 것은 무엇이며, 가장 불행한 것은 무엇인가

이 세상에서 가장 행복한 것은 무엇이며, 가장 불행한 것은 무엇인가.

부모가 살아 계실 때가 가장 행복하고, 부모가 돌아가셨을 때가 가장 불행하다.

부모는 다음과 같이 자식을 가르쳐야 한다.

첫째, 자식을 단속하여 나쁜 짓을 하지 않게 하며, 둘째, 착한 것을 가르치며, 셋째, 학문과 도를 가르쳐 주며, 넷째, 좋은 배우자를 구해 주며, 다섯째, 때에 따라 적절하게 사랑을 주어야 한다.

자식이 부모를 공경하는 데도 다섯 가지가 있다.

첫째, 받들어 봉양함에 모자람이 없게 하며, 둘째, 자기의 할 일을 먼저 부모에게 말씀드리고, 셋째, 부모의 하는 일에 순종하며, 넷째, 부모의 바른 말씀을 항상 어기지 말아야 한다. 〈선생경〉

4월 18일

생존에 대한 욕심을 갖지 않는다면, 이것이 곧 행복의 길이다

인간이 순수해지는 것은 학문에 의해서도 아니고, 지식에 의해서도 아니요, 도덕에 의해서도 아니다.

세상의 모든 것을 긍정하지도 말고 부정하지도 말고, 어떤 것도 결코 고집하지 말며, 어떤 것도 구애되지 마라.

그 어디에도 기대지 말고 조용히 살아라.

생존에 대한 욕심을 갖지 않는다면, 이것이 곧 행복의 길이다.

삶의 쾌락에 갇혀 있는 사람은 영혼의 자유를 얻기가 매우 어렵다.

진정한 영혼의 자유는 결코 남이 줄 수 있는 것이 아니기 때문이다. 〈수타니파타〉

4월 19일

이것이 인간의 최상의 행복이다 1

어리석은 사람과 가까이하지 말고 슬기로운 사람과 항상 가까이 지내라.

그리고 존경할 만한 사람을 섬겨라.

이것이 인간의 최상의 행복이다.

언제나 자신의 분수를 지키며 선행을 쌓아라.

그리고 부모를 효도로 섬기고 아내와 자식을 사랑하고 올바른 생업에 정진하라.

이것이 인간의 최상의 행복이다.

반드시 보시를 행하고 계율을 지키며, 친지에게 인정을 베풀고 결코 비난받을 일을 하지 마라.

이것이 인간의 최상의 행복이다.〈대길상경〉

4월 20일

이것이 인간의 최상의 행복이다 2

악을 즐거움으로 삼지 마라.

술 마시고 분수를 잃지 말며, 모든 일에 게으르지 마라.

이것이 인간의 최상의 행복이다.

다른 사람을 존중하고 스스로 겸손하며, 모든 것에 만족할 줄 알고, 반드시 은혜를 생각하며, 시간이 있을 때면 가르침을 들어라.

이것이 인간의 최상의 행복이다.

항상 참고 온순하며 스스로를 절제하고 청정을 닦아 불멸의 진리를 깨달으라.

이것이 인간의 최상의 행복이다. 〈대길상경〉

4월 21일

가진 것이 아무 것도 없는 사람은 모든 게 행복하다

가진 것이 아무 것도 없는 사람은 진실로 행복한 사람이다. 지혜로운 사람은 자기가 가진 것이 아무것도 없다고 생각한다.

자, 보라. 많이 가지고 있는 사람들이 여기저기 얽매여 얼마나 많은 고통과 괴로움을 당하고 있는가를. 〈우다나 · 이티붓타카〉

4월 22일

세상의 모든 괴로움은 탐욕에서 비롯된다

세상의 모든 괴로움의 원인은 탐욕에서 비롯된다.

중생은 생각이 항상 어리석어 탐욕을 몹시 즐거워한다. 그러나 지혜 있는 사람은 탐욕이 괴로움인 줄 알기 때문에 수시로 끊어 버린다.

탐욕을 채우려고 한다면, 그것은 마치 목마를 때 소금물을 마시는 것과 같이 갈증만 더할 뿐이다.

그러므로 자신의 탐욕을 없앤다면 괴로움은 저절로 사라지게 될 것이다. 〈성실론〉

4월 23일

욕망의 숲을 자르고,
욕망에서 벗어난 사람이 되어라

한 그루의 나무를 자르지 말고 욕망의 숲 전체를 과감하게 잘라라, 위험은 곧 욕망의 숲에서 생긴다.

욕망의 숲을 자르고, 욕망에서 벗어난 사람이 되어라. 그리고 자신의 영원한 자유를 찾아라. 〈법구경〉

4월 24일

탐욕은 물에 비친 달과 같다

탐욕은 물에 비친 달과 같다.

물이 출렁이면 달도 따라서 출렁이듯이 번뇌가 일어나면 모든 현상도 함께 일어난다.

탐욕도 이와 마찬가지여서 잠시도 한곳에 머무르지 않고 일어났다가 없어지기를 되풀이한다. 〈육바라밀경〉

4월 25일

작은 인연을 억지로 만들다 보면
좋은 삶을 살 기회를 놓친다

온갖 잡다한 일에 너무 힘쓰지 말아야 한다.

많은 사람들과의 만남을 멀리해야 한다.

자질구레한 인연을 억지로 만들다 보면 좋은 삶을 살 기회를 놓친다. 참된 사람은 사람들의 칭찬과 존경에 초연하지만, 평범한 사람은 결코 초연하기 힘들다. 〈장로게경〉

4월 26일

사랑하는 사람은 못 만나서 괴롭고
미워하는 사람은 만나서 괴롭다

사랑이 있는 곳에 걱정이 생기고, 사랑이 있는 곳에 반드시 두려움이 생긴다. 그러므로 사랑과 즐거움을 갖지 않으면 걱정과 두려움도 없다.

사랑하는 사람도 만들지 말고 미워하는 사람도 만들지 말아야 한다.

사랑하는 사람은 못 만나서 괴롭고 미워하는 사람은 만나서 괴롭다. 그러므로 근심과 걱정 속에서 착한 마음은 사라진다.

진실로 자기를 사랑하거든 자기를 단속하여 나쁜 것에 물들지 않게 해야 한다. 〈법집요송경〉

4월 27일

나쁜 짓을 많이 한 사람은 지혜를 얻을 수 없다

나쁜 짓을 많이 한 사람은 결코 지혜를 얻을 수 없다. 그러므로 먼저 참회의 가르침을 닦아야 한다.

이런 사람은 전생으로부터 악한 마음을 익혀 왔기 때문에 금생에서도 반드시 악행을 저지르기 쉽다. 그렇기 때문에 항상 뉘우치는 마음을 가져야 한다. 〈점찰선악업보경〉

4월 28일

오늘 아침에 다른 사람의 허물을 말했지만, 내일은 나의 허물을 말할 것이다

함부로 다른 사람의 허물을 말하지 말라. 언젠가는 반드시 되돌아와 자신을 상하게 할 것이다.

만일 다른 사람을 헐뜯는 말을 듣거든 마치 내 부모를 헐뜯는 것처럼 여겨라.

오늘 아침에는 다른 사람의 허물을 말했지만, 내일에는 반드시 나의 허물을 말할 것이다. 〈야운, 자경문〉

4월 29일

사람을 사랑하고 공경하는 다섯 가지 방법

사람을 사랑하고 공경함에 다섯 가지 방법이 있는데,
첫째, 온화하면서 인내함이요.
둘째, 근엄하고 공손하면서 믿음이 있음이요.
셋재째, 민첩하면서도 말이 적음이요.
넷째, 말과 행동이 모두 상대방을 도와줌이요.
다섯째, 교제를 오래 할수록 많은 이익이 되게 함이다. 〈불설패경〉

4월 30일

어리석은 사람은 마치 달을 물속에서 건지려는 아이와 같다

어린아이가 물 위를 비추는 달을 건지려고 한다. 어른은 그것을 보고 웃는다.

어리석은 사람은 마치 달을 건지려는 아이와 같다. 어리석은 사람은 이 모든 것이 영원할 것처럼 생각하며 자기 자신도 언제나 늙지도 않고, 변하지도 않을 것이라고 착각할 뿐이다. 〈대지도론〉

5월

번뇌는 몸을 해치는 근본이다

5월 1일

거짓말에는 열 가지 좋지 않은 결과가 반드시 뒤따른다

거짓말에는 아래와 같이 열 가지 좋지 않은 결과가 반드시 뒤따른다.

첫째, 숨을 쉬고 말할 적에 고약한 냄새가 난다.

둘째, 착한 귀신은 떠나고 악한 귀신이 날뛴다.

셋째, 아무리 진실한 말을 해도 남이 믿지 않는다.

넷째, 어진 사람들이 대화하는 자리에 낄 수가 없다.

다섯째, 늘 비난을 받아 더러운 소문이 퍼진다.

여섯째, 존경을 받지 못하기 때문에 무슨 말을 해도 남이 들어 주지 않는다.

일곱째, 언제나 근심이 많다.

여덟째, 비난받을 만한 원인을 만든다.

아홉째, 죽으면 지옥에 떨어진다.

열째, 인간계에 태어난다고 해도 늘 비난을 받게 된다. 〈대지도론〉

5월 2일

사람의 입은 세상의 모든 재앙을 불러들이는 문이다

사람의 입은 세상의 모든 재앙을 불러들이는 문이다.
그러므로 반드시 엄하게 지켜야 한다.
모든 재앙의 원인은 내 몸에 있다.
그러므로 함부로 움직이지 않아야 한다.
자주 날아다니는 새는 언젠가는 그물에 걸리는 법이고, 가볍게 날뛰는 짐승은 언젠가는 화살에 맞게 된다.
그러므로 항상 함부로 행동하지 말라. 〈야운, 자경문〉

5월 3일

악한 말은 반드시 화를 가져온다

남이 듣기 싫은 말은 하지 마라.
내가 악한 말을 하면 남도 나에게 그렇게 말할 것이다.
악한 말은 반드시 화禍를 가져온다.
남을 그르다고 하면 남도 나를 그르다고 할 것이다.
따라서 그 중간을 취한다면, 모든 괴로움은 없어질 것이다. 〈아함경〉

5월 4일

스스로 허물을 깨닫고 착함을 행하는 것은 건강을 회복하는 병자와 같다

사람이 많은 허물을 가지고 있으면서도 스스로 뉘우치지 않으면, 죄가 몸으로 오는 것이 마치 냇물이 바다로 들어가 점점 깊고 넓게 되는 것과 같다.

그러나 만일 스스로 허물을 깨닫고 악함을 고쳐 착함을 행하면, 죄가 스스로 사라지는 것이 마치 병자가 점차 건강이 회복되어 가는 것과 같다. 〈사십이장경〉

5월 5일

사람의 겉모습만 보고 말하지 말라

사람의 겉모습만 보고 착한 사람인지 악한 사람인지 말하지 말라. 구리그릇을 순금으로 도금하면 겉은 비록 화려하지만, 그 속은 구리인 것처럼 겉으로 드러낸 말과 행동에는 꾸밈이 있어 결코 그의 속마음을 알 수 없다. 〈잡아함경〉

5월 6일

현명한 사람은 이런 사람과는 사귀지 않는다

현명한 사람은 네 종류의 사람을 결코 상대하지 않는다.

첫째, 말재주를 부리는 친구, 둘째, 아첨을 잘하는 아랫사람, 셋째, 요사스럽고 악한 처, 넷째, 불효한 자식이 그들이다.

나쁜 친구는 사람을 파멸하게 하고, 항상 말재주만 부리는 아랫사람은 주위를 혼란시키고, 악한 부인은 집안을 파멸시키고, 불효한 아들은 아버지를 위태롭게 한다. 〈불설패경〉

5월 7일

남보다 부족한 사람은 쉴 새 없이 부지런히 노력해야 한다

자신의 어리석음을 없애고 깨달음을 얻으려고 한다면 굳은 결심으로 부지런히 노력해야 한다.

물에 젖은 나무는 센 불길로 태워야 하듯이 게으른 사람은 오로지 굳은 결심으로 부지런히 노력해야 한다.

눈을 감으면 보름달의 그 빛을 볼 수 없듯이 게으른 사람이 깨달음을 얻으려면 다른 사람보다 더욱 부지런히 노력해야 한다. 〈화엄경〉

5월 8일

돈과 향락을 위하여 거짓을 말하지 않으면 그것이 깨달음에 이르는 길이다

좋은 길로 올바르게 인도하는 데는 진실한 말로 인도함이 최고이며, 이 세상의 모든 등불 가운데 진실의 등불이 최고이며, 세상의 모든 병을 치료하는 약 중에는 진실한 말의 약이 으뜸이다.

자신과 남을 위하여 그리고 돈과 향락을 위하여 거짓을 말하지 않으면, 그것이 곧 깨달음에 이르는 길이다. 〈정법염처경〉

5월 9일

올바른 삶을 사는 사람의 모습

남을 헐뜯지 말고 온갖 노여움과 인색함에서 벗어난 사람, 그리고 마음에 맞거나 맞지 않거나 전혀 개의치 않는 사람, 좋거나 싫거나를 버리고 어느 것에도 집착하지 않는 사람, 세상의 모든 속박으로부터 벗어난 사람, 이런 사람이 세상에서 가장 올바른 삶을 살고 있는 것이다. 〈수타니파타〉

5월 10일

악행에는 반드시 갚음이 따른다

나쁜 일을 했다면, 결코 마음을 놓아서는 안 된다. 비록 그것이 먼 과거의 행위이든 남몰래 한 것이든 간에 결코 마음을 놓아서는 안 된다. 왜냐하면 악행에는 반드시 갚음이 따르기 때문이다.

좋은 일을 했다면 마음을 편안히 가져도 좋을 것이다. 비록 그것이 먼 과거의 행위이든 남몰래 한 것이든 간에 좋은 행위에는 반드시 좋은 결과가 따르기 때문이다. 〈소부경전〉

5월 11일

자식을 위해 온갖 궂은 일을 다하는 것이 어버이의 은혜이다

어버이의 은혜는 자식을 잉태하여 열 달 동안 온 정성을 기울여 보호해 준 은혜, 자식을 해산할 때 온갖 고통을 겪는 은혜, 자식을 낳고도 모든 근심을 잊는 은혜, 입에 쓴 음식은 삼키고 단 음식은 자식에게 먹여 주는 은혜, 마른자리 골라 자식을 눕히고 자신은 진 자리에 눕는 은혜, 때맞추어 자식에게 젖을 먹여 길러 준 은혜, 똥 · 오줌 가려 오물을 빨아 주는 은혜, 자식이 먼 길을 떠나면 늘 생각하고 염려하는 은혜, 자식을 위해 온갖 궂은 일을 다 하는 은혜, 늙어 죽을 때까지 자식을 사랑해 주는 은혜이다. 〈부모은중경〉

5월 12일

실천하는 사람의 말은 메아리가 되어 멀리 울려 퍼진다

똑같은 꽃이라도 아름다운 색깔과 향기를 내뿜어 사랑받는 꽃이 있듯이, 실천이 따르는 사람의 말은 비록 그 메아리가 조용하지만 멀리 울려 퍼진다. 〈법구경〉

5월 13일

노력하기를 즐기고 게으름을 두려워하는 사람은 깨달음에 다다른 사람이다

계속 쉬지 않고 부지런히 노력하는 사람은 반드시 깨달음의 경지에 이른다. 그리고 게으르고 나태한 사람은 죽음의 길로 들어서는 사람이다.

열심히 노력하기를 즐기며, 몹시 게으르고 태만한 것을 두려워하는 사람은 이미 깨달음 가까이에 다다른 사람이다. 〈법구경〉

5월 14일

번뇌는 몸을 해치는 근본이다

당신을 괴롭히는 온갖 번뇌를 없애고 싶으면 먼저 자신의 번뇌를 없애야 한다.

번뇌는 곧 몸을 해치는 근본이다. 이 세상에 존재하는 당신의 번뇌는 자신의 몸을 해치고 번뇌는 진리를 해친다.〈아함경〉

5월 15일

현명한 사람은 욕망에 이끌려 방황하지 않는다

현명한 사람은 욕망에 이끌려 결코 방황하지 않으며, 어떤 편견에 치우쳐서 떠들어 대지도 않는다.

그는 모든 편견에서 벗어났으므로 더이상 세상에 물들지 않으며 지나치게 자신을 나무라지도 않는다.

그는 보고 배우고 사색한 어떤 것에 대해서도 절대로 적대감을 품지 않는다.

그는 선입견을 벗어 버렸다.

그는 더이상 시간에 얽매이지 않으며, 비록 죽음 앞에 무릎을 꿇지도 않는다.

그러므로 더이상 아무것도 바라지 않는다. 〈수타니파타〉

5월 16일

그때그때 일의 형편에 따라 신념을 바꾸어서는 안 된다

일상생활 속에서 옳은 일은 힘써 행하고 옳지 못한 일은 반드시 그만두어야 한다. 그러므로 일의 형편에 따라 신념을 바꾸어서는 안 된다.

당장 어렵다고 해서 고개를 돌린다면 뒷날 이보다 더 어려운 일이 다가오면 어떻게 하겠는가. 〈선림보훈〉

5월 17일

깨끗한 물도 더러운 물이 섞이면 탁해진다

깨끗한 물도 더러운 물이 섞이면 곧장 탁해진다. 뒤에 다시 깨끗해지는 것은 그 더러움이 없어졌기 때문이다.

그 깨끗함은 밖으로부터 오는 것이 아니라 본디 물이 깨끗했던 것임을 알 수 있다. 〈대승장엄경론〉

5월 18일

지혜로운 사람을 섬기면 진리를 깨닫는다

어리석은 사람은 한평생 지혜로운 사람을 가까이 섬겨도 끝내 진리를 깨닫지 못하는데, 이것은 마치 국자가 국을 뜨되 그 맛을 모름과 같다.

그리고 지혜로운 사람은 잠깐이라도 지혜로운 사람을 가까이 섬기면 곧 진리를 깨닫는데, 이것은 마치 혀가 온갖 맛을 아는 것과 같다. 〈법구경〉

5월 19일

억울함을 당하는 것으로 수행하는 문으로 삼는다

상대방으로부터 억울함을 당했을 때 밝히려고 하지 말라. 억울함을 밝히면 원망하는 마음을 일으키게 된다.

그래서 부처님께서 "억울함을 당하는 것으로 수행하는 문을 삼으라"라고 말씀하셨느니라. 〈보왕삼매론〉

5월 20일

욕망을 놓아두면 파멸을 가져온다

욕망은 그것이 비록 사소한 것이라도 결코 무시해서는 안 된다. 욕망이란 마치 적과 같은 것이기 때문이다.

적에게 잠시라도 기회를 주면 결국에는 멸망당하듯이, 마음속에 일어나는 욕망을 보잘 것 없다고 억제하지 않고 놓아두면 결국은 큰 파멸을 불러온다. 〈자타카〉

5월 21일

표주박 한 개와 누더기 한 벌의 넉넉함

수행을 하는 사람은 마땅히 마음을 단정하게 하고 생활을 검소하게 하고 진실한 것을 근본으로 삼아야 한다.

바른 수행자라면 표주박 한 개와 누더기 한 벌이면 어디를 가나 꺼릴 것이 없다. 〈선가귀감〉

5월 22일

욕심은 타오르는 불과도 같다

욕심이란 마치 인분과 같고, 햇볕에 녹는 눈처럼 몹시 허망하다. 욕심은 예리한 칼날에 바른 꿀과 같고, 쓰레기 더미에 아름다운 꽃이 피듯 겉으로는 그럴듯하게 보이지만, 그 허망함은 물거품과 같다. 〈증일아함경〉

5월 23일

인내는 분노를 이기고, 진실은 거짓을 이긴다

인내는 분노를 이기고, 선은 악을 이기며, 은혜는 인색한 마음을 이기고, 진실은 거짓을 이긴다.

욕하지도 않고 포악하지도 않고 언제나 자비로운 마음을 갖는다면, 비록 악한 사람이 욕을 한다고 하더라도 결코 흔들리지 않을 것이다.

유능한 마부가 거친 말을 잘 다루듯이 분노가 치솟을 때, 그것을 잘 이겨 내야 한다. 〈아함경〉

5월 24일

노력하는 것은 깨달음의 길이다

부지런히 노력하는 것은 곧 깨달음의 길이다.
게으르고 느린 것은 곧 죽음의 길이다.
부지런히 노력하는 사람들은 영원하고, 게으르고 느린 사람들은 죽은 것과 같다. 〈법구경〉

5월 25일

자기가 갈 곳은 자신이 만들어야 한다

항상 노력하라, 그리고 자기가 갈 곳은 자신이 만들어라.

대장장이가 녹을 없애듯이 자기 자신의 녹슨 곳을 없애라. 모든 녹을 없애고 악한 행동을 하지 않으면, 그는 마침내 영원불멸의 세계에 이르게 된다. 〈소부경전〉

5월 26일

선한 사람, 악한 사람

착한 사람은 선한 행동을 하고 선으로서 인자함과 효도를 행하며, 즐거운 곳에서 즐거운 데로 들어가고, 밝음에서 밝은 곳으로 반드시 들어간다.

악한 사람은 악을 항상 행하고, 괴로움에서 괴로운 데로 들어가고, 어둠에서 어둠으로 들어간다. 사람은 이러한 이치를 깨달아야 한다. 〈무량청정평등각경〉

5월 27일

죄가 있으면 곧 뉘우치고 잘못된 일이 있으면 부끄러워할 줄 알아야 한다

사람은 죄가 있으면 곧 뉘우치고, 잘못된 일이 있으면 부끄러워할 줄 알아야 한다. 그리고 잘못을 고쳐 스스로 새롭게 되면 그 죄업도 없어진다.

뉘우친다는 것은 잘못을 고쳐서 다시 저지르지 않겠다고 다짐하는 일이다.

부끄러워한다는 것은 안으로 자신을 꾸짖고 밖으로 허물을 드러내는 일이다. 〈선가도감〉

5월 28일

남을 구하기 전에 자신이 그런 능력을 갖고 있는지부터 살펴라

남을 가르치기 전에 자신이 무엇을 가르치는지 반드시 알아야 한다. 가르치는 내용을 스스로 체험하지 않으면 다른 사람을 결코 올바르게 가르칠 수 없다.

진흙 속에 빠진 사람은 진흙 속에 빠진 사람을 꺼내지 못한다. 〈중아함경〉

5월 29일

지혜로운 사람의 모습

세상을 살면서 인색하지 말고, 화을 내거나 질투하지 마라.

자신의 이기심을 채우고자 정의를 등지지 말고, 원망을 원망으로 갚지 마라.

위험에 맞닥뜨려 두려워하지 말고, 자신의 이익을 위해 남을 모함하지 마라.

객기를 부려 만용하지 말고, 허약하여 비겁하지 말며, 항상 지혜롭게 중도中道의 길을 가라.

이것이 지혜로운 사람의 모습이다. 〈잡보장경〉

5월 30일

남의 마음을 아프지 않게 하는 것이 지혜로운 삶의 방법이다

세상을 살면서 남의 마음을 아프게 하지 마라.

남의 마음을 아프지 않게 하려면 남의 생활을 침해하지 마라. 남의 감정을 상하게 하지 마라.

남의 생각을 지나치게 간섭하지 마라.

이것이 곧 남의 마음을 아프지 않게 하는 현명한 방법이다. 〈법구경〉

5월 31일

세상 일에 관심이 많으면 삶의 고뇌로부터 벗어나기 힘들다

이 세계는 변하는가, 그렇지 않은가?

이 세계는 유한한가, 그렇지 않은가?

영혼과 육체는 동일한가, 아니면 따로따로인가?

인간은 죽은 뒤에도 과연 존재하는가? 그렇지 않은가?

여기에 대해 뚜렷한 판단을 내리려고 애쓰지 마라.

왜냐하면 이런 형이상학적인 물음들은 마음의 평화를 얻고 깨달음에 이르는 데, 아무런 도움이 되지 못하기 때문이다.

그리고 삶의 고뇌로부터 벗어나는 데 아무런 도움이 되지 않기 때문이다. 〈중부경전〉

6월

괴로움은 괴로움을 낳을 뿐이다

6월 1일

집착하면 탐욕에 얽매이게 된다

사람은 집착하는 까닭에 탐내는 마음이 생기고, 이로 인해 탐내는 마음이 생기는 까닭에 얽매이게 되며, 얽매이는 까닭에 생로병사와 근심 · 슬픔 · 괴로움과 같은 온갖 번뇌가 뒤따르는 것이다. 〈열반경〉

6월 2일

집착하는 마음에 괴로움의 뿌리가 내린다

내 것이라고 집착하는 마음이 모든 괴로움을 일으키는 뿌리가 된다.

세상의 온갖 것에 대해 가지려는 생각을 버린다면 항상 마음이 편안하여 마침내 근심이 없어질 것이다. 〈화엄경〉

6월 3일

해서는 안 될 일을 하면 반드시 고뇌와 번민이 따른다

인간으로서 해서 안 될 일은 하지 말라.
해서 안 될 일을 하면 반드시 고뇌와 번민이 따른다.
그리고 해야 할 일은 반드시 실행하라.
그러면 가는 곳마다 후회하는 일은 없을 것이다. 〈법구경〉

6월 4일

현명한 사람은 탐욕이 없어 아름답다

어리석은 사람은 항상 출세와 이익과 명예와 욕심 때문에 몹시 괴로워한다.

그러나 현명한 사람은 탐욕이 없어 가는 곳마다 그 모습이 아름답다.

그는 즐거움을 만나도, 괴로움을 만나도, 기뻐하거나 결코 슬퍼하지 않는다. 〈법구경〉

6월 5일

침착한 행동이 행복에 이르게 한다

자기 자신을 항상 안정시켜라. 마치 조련사가 말을 조련시키듯, 자기 자신을 안정시키고 모든 일에 침착하게 행동하면 마침내 괴로움에서 벗어나 행복에 이르게 된다. 〈소부경전〉

6월 6일

마음을 잘 다스리면 괴로운 일이 없다

항상 마음을 잘 다스리고 말과 행동을 조심하는 사람은 비록 어려운 일을 만나도 괴로워하는 일이 없다.

그것은 진리에 살고 진리를 아는 총명한 사람이기 때문에 괴로움은 결코 존재하지 않기 때문이다. 〈소부경전〉

6월 7일

기쁨과 슬픔을 가다듬어 선과 악이 없어야 집착을 버리게 된다

슬픔이 있으면 기쁨이 있고, 기쁨이 있으면 슬픔이 있다.

그래서 기쁨과 슬픔을 가다듬어서 선도 없고 악도 없어야 그때 비로소 집착을 버리게 된다. 〈법구경〉

6월 8일

집착심을 버리면 세상의 모든 존재는 깨끗해진다

모든 사물의 본성은 깨끗한 것도 더러운 것도 없다. 다만 우리 마음이 온갖 집착심으로 인하여 깨끗한 것을 가까이 하고 더러운 것을 멀리할 뿐이다.

그러므로 세상을 살면서 집착심을 버리면 세상의 모든 존재는 깨끗해진다. 〈대품반야경〉

6월 9일

세상의 욕망과 집착을 끊어버린 사람은 생존의 소용돌이에 휩쓸리지 않는다

세상의 온갖 번뇌에 머물지도 말고 번뇌에서 떠나지도 마라.

이 세상에 머물지도 말고, 결코 영원에 머물지도 마라.

이 세상의 모든 욕망을 넘어선 사람, 극복하기 힘든 집착을 끊어버린 사람, 그는 생존의 소용돌이에 결코 휩쓸려 가지 않으며 속박되지도 않고 슬퍼하지도 않는다. 그리고 관념의 틀 속에 갇히지도 않는다. 〈수타니파타〉

6월 10일

세상의 괴로움은 괴로움을 낳을 뿐이다

이 세상의 모든 것은 다 괴로운 것임을 그대들은 알라.

사랑의 괴로움, 애욕의 괴로움, 욕망의 괴로움, 가난한 괴로움, 나와 내 것에 집착하는 괴로움, 악행에 빠져드는 괴로움 등 그래서 괴로움은 계속 괴로움을 낳는다. 〈화엄경〉

6월 11일

마음이 평온해지려면 과거를 지워버리고 미래에 끌려가지 말라

자신의 과거를 깨끗이 지워 버려라. 그리고 미래에 끌려가지 마라.

그리고 오늘에도 너무 집착하지 마라. 그러면 그대의 마음은 자연스럽게 몹시 평온해질 것이다. 〈수타니파타〉

6월 12일

번뇌로 인한 고통은 수레바퀴와도 같아 끝도 없이 구른다

사람은 번뇌 때문에 죄를 짓고 죄 때문에 항상 고통을 받는다. 번뇌와 죄, 고통은 수레의 세 바퀴와 같이 끝없이 구른다.

이것을 가리켜 윤회輪廻라고 한다. 〈아함경〉

6월 13일

사람은 여섯 가지 이유로 지옥에 간다

이 세상의 모든 것은 사람이 여섯 가지 이유 때문에 지옥으로 들어가는데, 그 여섯 가지란 무엇인가?

첫째는 술을 몹시 좋아하기 때문이요, 둘째는 남의 여인을 탐하기 때문이요, 셋째는 도박에 빠지기 때문이요, 넷째는 방탕하기 때문이요, 다섯째는 나쁜 벗과 어울려 다니기 때문이요, 여섯째는 게으름을 피우기 때문이다. 〈선생자경〉

6월 14일

선한 사람의 벗과 악한 사람의 벗

선행을 하는 사람은 착한 벗을 가까이 하게 되고, 악행을 하는 사람은 악한 벗을 가까이하게 된다.

어질고 착한 사람을 미워한다면 그것은 스스로 나쁜 길로 떨어지는 것이다. 〈제법집요경〉

6월 15일

이런 사람이 나쁜 벗이다

마음속으로는 원한을 품고 있으면서도 겉으로는 안 그런 척하는 사람, 앞에서는 좋은 말만 하고 돌아서서는 헐뜯는 사람, 어려움이 닥쳤을 때 앞에서 괴로워하는 듯하지만 뒤에서는 기뻐하는 사람, 겉으로는 친한 척하지만 마음속으로는 해칠 생각을 갖고 있는 사람. 이런 사람은 진정으로 나쁜 벗이다. 〈육방예경〉

6월 16일

진정한 삶을 사는 길

세상을 살면서 반드시 많이 배운 사람을 가까이 하라.
그리고 어떤 일이 있어도 배운 것을 잊어버리지 마라,
이것이 진정한 삶을 사는 길이다.
배움이 적은 사람은 몸집이 불어나지만 지혜는 불어나지 않는다.
따라서 학식이 많고 지혜로우며 깨달음을 얻고자 노력하는 사람을 항상 가까이 하라. 〈장로게경〉

6월 17일

세상을 정의롭게 살려면 광야를 가는 무소의 뿔처럼 혼자서 가라

의롭지 못한 것을 보고도 못 본 척하는 벗은 아예 가까이하지 말라.

감각적인 쾌락에만 젖어 있는 벗과도 가까이하지 말고, 오직 지성적이며 진리에 귀를 기울이는 고상한 벗을 가까이하라.

그런 벗은 여러 가지로 자신에게 도움이 되니 모든 의심을 없애버리고 저 광야를 가고 있는 무소의 뿔처럼 혼자서 가라. 〈수타니파타〉

6월 18일

욕심이 많으면 부유해도 가난하지만, 욕심이 적으면 가난해도 부유하다

그대가 세상의 온갖 번뇌에서 벗어나려거든 반드시 욕심을 적게 가져라. 욕심이 적은 사람은 편안하고 즐겁지만, 욕심이 많은 사람은 비록 천당에 살아도 몹시 괴로울 것이다.

욕심이 많은 사람은 비록 부유해도 가난하지만, 욕심이 적은 사람은 가난해도 부유하다.

욕심이 적은 사람은 남의 비위를 맞추고자 아부할 일도 없고, 모든 욕망에 끌려다닐 일도 없다. 욕심이 적은 사람은 언제나 마음이 평온하여 아무런 근심과 두려움이 없다. 욕심이 적은 사람은 어떤 고난을 맞이해도 항상 마음이 너그럽고 여유가 있다.

해탈은 욕심이 적은 사람에게 반드시 찾아온다. 〈유교경〉

6월 19일

다섯 가지 욕심에 빠진 사람은 독초를 안고 있는 것과 같다

다섯 가지 욕심 즉, 재물 · 여자 · 음식 · 명예 · 욕망에 물든 사람은 그물에 걸린 새와 같다.

다섯 가지 욕심에 빠진 사람은 마치 칼날을 밟고 있는 것과 같다.

다섯 가지 욕심에 빠진 사람은 독초를 안고 있는 것과 같다.

그러므로 지혜 있는 사람은 다섯 가지 욕심의 늪에 빠지지 않도록 항상 노력해야 한다. 〈대장엄경〉

6월 20일

애욕과 어리석음으로부터 온갖 고통과 슬픔이 나온다

그대는 지금 무엇을 보고 웃고, 무엇을 보고 기뻐하는가?

세상은 계속 욕망의 불길이 타오르고 있는데, 그대는 암흑에 둘러싸여 있다.

어찌하여 등불을 애써 찾지 않는가?

이름은 죽어 사라지더라도 정신은 그대로 남아 또다시 태어난다. 인간은 한세상만 사는 것이 아니니 부디 애욕과 어리석음을 버려라.

애욕과 어리석음으로부터 온갖 고통과 슬픔이 나온다는 것을 알아야 한다. 〈법구경〉

6월 21일

물욕은 눈에 띄지만 명예욕은 눈에 띄지 않는다

이 세상의 온갖 물욕에 사로잡혀 있는 것이 악이라는 사실을 알고 있는 사람은 많다. 그러나 명예욕에 사로잡혀 있는 것이 더 위험하다는 사실을 알고 있는 사람은 많지 않다.

물욕은 곧 눈에 띄지만 명예욕은 결코 눈에 띄지 않기 때문이다. 〈운서주굉(중국의 고승)〉

6월 22일

남녀 사이의 이성보다 더 강한 욕망은 없다

이 세상에 이성과 같은 것이 하나만 있다는 것은 매우 다행한 일이다. 이성은 번뇌의 뿌리가 아니라, 깨달음의 뿌리이다.

마치 메마른 땅이나 사막에서는 연꽃이 피어날 수 없는 것처럼 번뇌 때문에 깨달음의 싹을 틔우는 것이다. 〈이취경〉

6월 23일

욕구와 욕망은 정신을 얽어매는 굴레이다

이 세상에서 무엇을 굴레라고 하고, 무엇을 족쇄라고 하는가?

육신은 나를 얽어매는 굴레이며, 욕구와 욕망은 정신을 얽어매는 굴레이다.

생각과 감정, 그리고 자기중심적 사고도 자신을 얽어매는 굴레요, 족쇄인 것이다. 〈아함경〉

6월 24일

사람은 육신이 있기 때문에 항상 얽매인다

사람은 육신이 있기 때문에 항상 얽매인다.

그 얽매이는 것 때문에 온갖 근심과 걱정이 생기고 고통에서 벗어날 수가 없게 된다.

사람의 생각도 이와 마찬가지이다.

그러므로 그 어느 것에도 얽매이지 않아야 온갖 근심과 걱정에서 벗어나 마침내 평온한 마음을 가질 수 있다. 〈잡아함경〉

6월 25일

탐욕은 마음을 속박하고
오래도록 미혹한 생을 떠돌게 한다

탐욕은 마음을 속박한다.
탐욕은 마음을 이리저리 휘두른다.
탐욕은 사람들로 하여금 오래도록 미혹한 생을 떠돌게 한다.
나는 아직까지 세상에서 이보다 더한 속박은 보지 못했다. 〈이티붓타카〉

6월 26일

지혜가 있는 사람은 작은 것에도 만족한다

탐욕스러운 사람은 많은 재물을 쌓아 놓고도 만족할 줄 모른다. 어리석고 탐욕에 눈이 어두워 언제나 남의 것을 빼앗으려고만 한다.

그는 살아서 온갖 괴로움을 만나고 죽어서는 지옥에 떨어지게 된다.

지혜가 있는 사람이라면 만족할 줄을 알아야 한다. 〈니건자경〉

6월 27일

어리석음과 교만은 병을 일으키는 뿌리다

분노와 욕망, 어리석음과 교만함은 마치 독화살과 같아서 모든 인간의 병을 일으키는 뿌리가 된다.

밖으로부터 날아오는 독화살은 막을 수 있으나 안으로부터 자라나는 독화살은 결코 막을 수가 없다.

육체를 물거품같이 보는 사람, 육체를 그림자 같다고 보는 사람, 그는 온갖 쾌락 속에 숨겨진 악마의 화살을 뽑아 버린다. 〈아함경〉

6월 28일

게으른 사람에게서는 행복이 떠나간다

어리석은 사람은 항상 게으르기 때문에 고통을 받는다.

게으른 사람에게서는 행복이 떠나가고 모든 고통은 게으름에서 비롯된다.

그러므로 고통에서 벗어나려고 한다면 반드시 게으름에서 벗어나야 한다. 〈정법염처경〉

6월 29일

어리석음이 마음을 묶어 버리면 그물에 걸린 물고기와 다름없다

욕망의 그물이 씌워지고 애욕의 뚜껑이 덮이고, 마침내 어리석음이 그 마음을 묶어 버리면, 그것은 물고기가 그물에 걸려든 것과 다를 바 없다. 〈법집요송경〉

6월 30일

인간의 욕망은 허무하며 뜬구름과 같다

인간의 온갖 욕망은 덧없고 몹시 허무하며 마치 물거품과 같고 아지랑이와 같으며 물속에 비친 달과 같고 뜬구름과 같다. 〈화엄경〉

7월

삶에 고난이 없기를 바라지 말라

7월 1일

내 마음이 깨끗하고 밝으면, 세상도 밝고 깨끗하다

세상의 온갖 번뇌로 자신의 마음이 어지러우면, 세상이 매우 복잡하고 어지럽다. 그리고 자신의 마음이 깨끗하고 밝으면, 세상 또한 깨끗하고 밝다.

공작의 몸은 비록 하나이지만, 공작의 깃털 색깔은 매우 다양하다. 사람의 몸은 하나이지만, 마음을 어지럽히는 마음의 색깔은 공작의 깃털보다 더 많다. 〈잡아함경〉

7월 2일

눈이 흐려지면 아름다운 빛깔도 흐려진다

눈이 흐려지면 아름다운 빛깔도 흐려진다.

그대의 마음이 깨끗하지 않으면 아무리 바르고 훌륭한 가르침이라도 마음에 담을 수 없다. 〈화엄경〉

7월 3일

자신을 사랑할 줄 아는 사람만이 스스로 자신을 지킨다

자기 자신을 생각하는 사람이라면 나쁜 짓이나 그릇된 행동을 멀리해야 한다. 그릇된 행동이나 나쁜 짓을 멀리하고 항상 선행을 쌓으면 그 마음은 편안하다.

무엇보다도 자기 자신을 사랑하는 사람은 반드시 주위로부터 자신을 지킬 줄 알아야 한다. 〈잡아함경〉

7월 4일

지혜로운 사람은 쌀로 밥을 짓지만, 어리석은 사람은 모래로 밥을 짓는다

지혜를 가진 사람은 쌀로 밥을 짓지만, 어리석은 사람은 모래를 가지고 밥을 지으려고 한다.

어리석은 사람은 배고프면 먹을 줄은 알면서도 자신의 어리석은 마음을 바로잡을 줄은 모른다. 〈발심수행장〉

7월 5일

모든 속박으로부터 벗어난 사람만이 올바른 삶을 살아갈 수 있다

남을 결코 헐뜯지 않고 노여워하거나 인색하지 않은 사람, 비록 마음에 들지 않아도 조금도 개의치 않는 사람, 그리고 어디에도 집착하지 않아 모든 속박으로부터 벗어난 사람, 그는 세상에서 가장 올바른 삶을 살아가는 사람이다. 〈수타니파타〉

7월 6일

다른 사람의 선한 일은 칭찬해 주고, 허물은 숨겨 주어야 한다

남의 착한 일은 칭찬해 주고, 허물은 그 누구도 모르게 숨겨 주어야 한다. 남의 부끄러운 일은 감추어 주고, 중요한 이야기는 결코 말하지 않아야 한다.

비록 작은 은혜라도 반드시 갚아야 하고, 상대방이 자기를 원망하더라도 항상 이해하는 마음을 가져야 한다.

자신을 원망하는 자와 자신이 칭찬하는 자가 괴로워하거든 먼저 원망하는 사람을 살펴야 한다. 〈우바새계경〉

7월 7일

깨달음을 얻고자 하면 부지런히 일하고, 깨달음의 길로 나아가야 한다

진정으로 깨달음을 얻고자 하면 낮에 부지런히 일하고 초저녁과 새벽녘에는 정진하고, 밤중에는 경을 읽어 스스로 깨달아야 한다.

잠은 적게 자고, 항상 탐욕과 유혹의 불길이 모든 세상을 태우고 있음을 관찰하여 반드시 깨달음의 길로 나아가야 한다. 〈불유교경〉

7월 8일

억울함을 밝히려고 하면
도리어 원망하는 마음이 생긴다

상대방으로부터 억울함을 당했다고 해서 굳이 그 억울함을 밝히려고 하지 말라. 그 억울함을 밝히려고 하면 원망하는 마음이 생긴다. 그리고 억울함을 당하는 것으로서 수행의 문을 삼아야 한다.

이와같이 막히는 것이 도리어 통하는 것이요, 통함을 구하는 것이 곧 막히는 것이다. 〈보왕삼매론〉

7월 9일

삶에 고난이 없기를 바라지 말라

세상살이에 고난이 없기를 바라지 말라. 고난이 없으면 경솔한 마음과 사치한 마음이 생긴다. 그러므로 근심과 고난을 두려워하지 않아야 한다.

자신에게 알맞은 일을 하며 열심히 노력하는 사람은 반드시 재물을 얻는다. 그리고 진실하면 명성을 떨치고, 베풀면 친구를 얻는다. 〈수타니파타〉

7월 10일

오늘 남의 허물을 말하면,
내일은 남이 나의 허물을 말할 것이다

다른 사람의 허물을 입에 담으면 안 된다. 그것은 언젠가는 반드시 나에게로 되돌아와 나를 손상시킬 것이다.

만일 다른 사람을 비방하는 소리를 들으면 마치 나의 부모를 헐뜯는 것처럼 생각해야 한다.

오늘은 비록 다른 사람의 허물을 말했지만, 내일은 반드시 나의 허물을 말할 것이기 때문이다. 〈자경문〉

7월 11일

불행은 내 자신의 입에서 시작된다

모든 나쁜 것은 입으로부터 나온다. 그렇기 때문에 함부로 입을 놀리거나 남이 듣기 싫어하는 말을 하는 것은 삼가야 한다.

맹렬한 불길이 집을 태워버리듯, 세상을 살면서 말을 조심하지 않으면, 결국 그것이 불이 되어 내 몸을 태운다.

자신의 불행은 바로 내 자신의 입으로부터 시작된다. 입은 몸을 치는 도끼요, 몸을 찌르는 칼이다. 〈법구경〉

7월 12일

진리에 다다른 사람은
자신을 잘 다듬어 쉽게 동요하지 않는다

진리를 제대로 알지도 못하면서 배움이 깊은 사람의 말을 듣지 않는다면, 다른 사람의 마음을 움직일 수 없다.

진리에 통달한 사람은 자신을 잘 다듬고 배움이 깊어 결코 동요하지 않는다. 그리고 그는 진리의 길을 찾고자 하는 많은 사람들의 마음을 움직인다. 〈수타나파타〉

7월 13일

산 같은 자부심을 갖되
항상 누운 풀처럼 자신을 낮추어야 한다

마음속에 산 같은 자부심을 갖고 그 태도는 항상 누운 풀처럼 자기를 낮추어야 한다.

고난을 만났을 때는 참고 이겨 내야 하며 일이 잘 풀릴 때에도 항상 주의해야 한다. 때로는 재물을 오물처럼 볼 줄도 알고, 솟구치는 분노를 잘 다스릴 줄도 알아야 한다. 이것이 지혜로운 사람의 삶이다. 〈잡보장경〉

7월 14일

어리석은 사람은 자신의 마음속에 정토가 있음을 알지 못한다

어리석은 사람은 자기의 성품을 깨우치지 못하고 자신의 마음속에 정토淨土가 있다는 것을 알지 못한다. 그래서 늘 공상만 하고 있다.

하지만 깨달은 사람은 어디에 있든지 모두 정토이다. 〈법보단경〉

7월 15일

남의 눈을 자신의 눈으로 삼고, 남의 귀를 자신의 귀로 삼으라

남의 눈을 자신의 눈으로 삼으라. 그러면 밝은 눈으로 비추지 못할 것이 없을 것이다. 남의 귀를 자신의 귀로 삼으라. 그러면 밝은 귀로 듣지 못할 것이 없다.

굳이 무엇 때문에 자기의 귀와 눈만을 고집하여 미혹에 빠져드는 것을 스스로 택하려고 하는가. 〈선림보훈〉

7월 16일

이 세상에서 자신보다 더 존귀한 것은 없다

이 세상에 자신보다 더 사랑스런 것은 없고, 곡식보다 더 귀한 재물이 없으며, 지혜보다 더 밝은 것이 없으며, 생각보다 더 빨리 변하는 것은 없다.

귀한 재물이 아무리 많아도 어리석은 사람이 가지면 자신을 위해서 써 보지도 못하고, 남에게 베풀지도 못하며, 그 재물을 모으고 지키느라 노심초사하다가 마침내 그의 죽음과 함께 모두 잃어버린다. 〈잡아함경〉

7월 17일

나쁜 말은 자신도 해치고 남도 해친다

남들이 하는 일을 살피지 말고, 항상 자신의 일이 올바른지 그른지를 돌아보도록 하라.

항상 말을 조심해야 한다. 남을 함부로 모략하지 말고, 남의 잘못을 이야기하지 말며, 남에게 상처를 주지 말고, 듣지 않은 것을 들었다 하지 말며, 보지 않은 것을 보았다고 하지 말라.

나쁜 말은 자기 자신에게도 해롭지만, 남에게도 상처를 입히게 된다. 〈대장엄론경〉

7월 18일

공부에 너무 애쓰면 집착하게 되고
게으르면 잊어버리기 쉽다

공부는 마치 거문고 줄을 조율하듯 해야 한다. 거문고 줄이 너무 팽팽하거나 느슨하면 좋은 소리가 나지 않듯이 공부도 너무 애쓰면 집착하게 되고 게으르면 잊어버리기 쉽다. 그래서 매일 조금씩 끊임없이 정진해야 한다. 〈선가귀감〉

7월 19일

욕망의 사슬을 벗어버리면
세상의 어떤 것에도 물들지 않는다

욕망의 사슬을 벗어버리고 훨훨 날 듯이 살아가는 사람, 삶과 죽음을 초월하여 가장 편안한 곳으로 돌아가 맑고 푸른 호수 같은 사람, 그에게는 무한히 솟구치는 예지가 있어 이 세상의 어떤 것에도 물들지 않는다.

연꽃이 진흙과 흙탕물에 더럽혀지지 않듯이
현명한 사람은 보이는 것과 인식된 것에 결코 물들지 않는다. 〈수타니파타〉

7월 20일

쾌락에 갇혀 있는 사람은 영혼의 자유를 얻기 어렵다

많은 재물과 먹을 것이 풍족한 사람이 그것을 자신만을 위해서 사용한다면, 이것은 곧 파멸의 문이다.

쾌락에 갇혀 있는 사람은 결코 영혼의 자유를 얻기 어렵다. 그 이유는 영혼의 자유는 남이 줄 수 있는 것이 아니기 때문이다. 〈수타니파타〉

7월 21일

남의 흠을 애써 찾지 말아야 한다

남을 해칠 마음은 티끌만큼도 갖지 말고, 어떤 일이 있어도 원한과 화를 내는 마음은 결코 품어서는 안 된다. 비록 화가 머리끝까지 치밀더라도 함부로 말하지 말고, 마음속으로 삭혀야 한다.

남의 흠을 애써 찾지도 말고, 약점을 들춰서도 안 된다. 항상 자신을 잘 단속하여 오직 정의로서 자신을 살펴 나아가야 한다. 〈잡아함경〉

7월 22일

내 뜻에 맞지 않는 사람을 집에 딸린 숲으로 삼아라

남이 내 뜻대로 따라 주기를 바라지 마라. 남이 내 뜻대로 따라 주면 마음이 스스로 교만해진다. 그래서 부처님께서 "내 뜻에 맞지 않는 사람들로서 집에 딸린 숲을 삼으라"라고 말씀하셨느니라. 〈보왕삼매론〉

7월 23일

남의 잘못은 발견하기 쉬워도
나의 잘못은 보기 어렵다

남의 잘못은 발견하기 쉬워도 자신의 잘못은 살피기 어렵다. 남의 잘못은 티끌을 날리듯 하고 자기 잘못은 노름꾼이 패를 감추듯 하라.

다른 사람을 책망하기를 즐기지 말고 힘써 자신을 돌아보라. 만약에 이러한 도리를 이해한다면 영원히 불행은 없어지리라. 〈법구경〉

7월 24일

다른 사람으로부터 충고를 받으면
반성하고 깊이 감사하라

다른 사람으로부터 충고를 받으면 반성하고 깊이 감사하라.

함께 수행하는 사람들에게 언제나 자기만 앞세우거나 마음을 상하게 해서는 안 된다. 항상 때와 장소에 맞는 좋은 말을 하고, 남을 비방해서도 안 된다.

말과 행동과 생각하는 것이 어느 누구에게도 거슬리지 않는 사람, 남들이 존경해도 우쭐거리지 않고 남들의 비난에도 결코 흔들지 않는 사람, 이런 사람이 세상에서 가장 올바른 삶을 살고 있는 것이다. 〈수타니파타〉

7월 25일

어리석은 자는 번민하지만 지혜로운 자는 번민하지 않는다

세상의 모든 두려움은 한결같이 어리석은 사람으로부터 생긴다.

지혜로운 사람에게는 결코 생기지 않는다.

모든 재난도 어리석은 사람으로부터 생기며, 모든 번뇌도 어리석은 사람으로부터 생긴다.

어리석은 사람은 항상 두려운 생각을 갖지만, 지혜로운 사람은 두려운 생각을 갖지 않는다.

어리석은 사람은 재난을 만나지만, 지혜로운 사람은 재난을 만나지 않는다.

어리석은 사람은 번민하지만, 지혜로운 사람은 번민하지 않는다. 〈아함경 다계경〉

7월 26일

육신에 집착하지 않고 욕심과 번뇌를 모두 버리는 사람이 대장부다

대장부는 곧 이런 사람이다. 자신의 육신이 결코 영원하다고 생각하지 않으며, 따라서 거기에 집착하지 않고 욕심과 번뇌를 모두 버리는 사람이다. 왜냐하면 그는 그로 인해 해탈을 얻기 때문이다. 〈잡아함경〉

7월 27일

불굴의 용기는 고난을 겪어 봐야 알 수 있다

덕은 어떤 사람을 오랫동안 상대함으로써 알 수 있고, 성실은 상대를 사귀어 봄으로써 알 수 있으며, 불굴의 용기는 자신이 고난을 당해 봄으로써 알 수 있고, 지혜는 깊은 대화를 나누어 봄으로써 알 수 있다. 〈우다나경〉

7월 28일

마음을 바로잡는 일이 곧 행복의 시작이다

마음은 쉽게 흔들리고 지키기도 힘들고 억제하기도 힘들다. 그러나 지혜 있는 사람은 이를 바로잡는다.

마음을 바로잡는 일이 곧 행복의 시작이다. 비록 마음은 눈에 보이지 않지만, 지혜 있는 사람은 마음을 잘 다스린다. 그리고 자신의 마음을 잘 다스리는 사람은 반드시 삶의 안락을 얻는다. 〈법구경〉

7월 29일

부지런히 노력하는 사람만이
자신이 소원하는 바를 이룰 수 있다

어떤 사람이든지 부지런히 노력하면 저마다 소원하는 것을 이룰 수 있다.

비록 작은 물방울도 쉬지 않고 떨어지면 큰 바위를 능히 꿰뚫을 수 있는 것과 같다. 〈불유교경〉

7월 30일

비린 것은 고기이지, 고기를 먹는 사람이 비린 것이 아니다

행동이 몹시 거칠고 난폭하며, 험담을 좋아하고 친구를 배신하며, 성품이 자비가 없고 오만하며 마음이 인색하여 남에게 자선을 베풀지 않는 사람들이야말로 비린 것이지, 고기를 먹는 것이 비린 것은 아니다. 〈수타니파타〉

7월 31일

나쁜 일은 괴로움을 남기고 착한 일은 즐거움을 남긴다

나쁜 짓을 멀리하고 반드시 선행을 쌓아라.

좋은 일을 하는데 게으르면 마음은 저절로 나쁜 짓을 저지르게 된다.

혹시라도 나쁜 짓을 저질렀다면, 그것을 되풀이하지 말라.

나쁜 일은 괴로움을 남기게 되고 착한 일은 즐거움을 남기게 된다. 〈소부경전〉

8월

마음에 끌리는 것에 집착하지 말라

8월 1일

한 방울의 물이 모여 강물을 이루듯
악이 쌓여 재앙을 이룬다

한 방울 물이 떨어져 마침내 강물을 이루듯 악이 계속 쌓이면 반드시 재앙을 이룬다.

허공 속에서도, 바닷속에서도, 그리고 깊은 산 속에서도 그 어느 곳에서도 악업에서 벗어날 수 없다.

죽음도 마치 그와 같아서 이 세상 어디서도 벗어날 곳은 없다.

그러므로 어떤 일이 있어도 악을 행하지 말라. 〈소부경전〉

8월 2일

악을 저질렀다 하더라도
모든 걸 뉘우치면 죄는 사라진다

비록 나쁜 짓을 저질렀더라도 뉘우치고 부끄러워하라.

그리고 다시는 악을 되풀이하지 말라.

구름이 걷히면 달은 곧 밝아지듯이, 설사 악을 저질렀다 하더라도 뉘우친다면 그 잘못은 곧 사라지게 될 것이다. 〈열반경〉

8월 3일

깨끗하고 더러움은 자신으로부터 비롯된다

악행을 저지른 사람은 스스로 그 갚음을 반드시 받는다. 하지만, 자신이 악행을 하지 않으면 악은 스스로 깨끗해진다.

깨끗하고 더러움은 오직 자신으로부터 비롯되니, 누구도 그 사람을 깨끗하게 만들 수는 없다.

비록 악행을 저질렀지만, 차차 선행으로 과거의 악행을 극복하는 사람, 그 사람은 마치 달이 구름을 헤치고 나오듯 세상을 밝게 비추인다. 〈법구경〉

8월 4일

세상의 세 가지 악

이 세상에는 세 가지 악이 있다.

첫째는 마음이 악해서 선한 말을 듣지 않는 것이며, 둘째는 남이 자기보다 나은 것을 두려워하는 것이며, 셋째는 남이 자기보다 나은 것을 잘 알면서도 이것을 수치로 여겨 바른 가르침을 묻지 않는 것이다. 〈대법거다라니경〉

8월 5일

마음에 끌리는 것에 집착하지 말라

자신의 마음에 끌리는 것에 집착하지 마라.
이것은 욕망을 끊어 버리기 위함이다.
자신의 마음에 거슬리는 것에 결코 화내지 마라.
이것은 곧 증오하는 마음을 없애기 위함이다.
자신을 현혹하는 말에 결코 집착하지 마라.
이것은 어리석음을 끊어 버리기 위함이다. 〈잡아함경〉

8월 6일

지혜롭지 못한 자는
삶의 의미를 깨닫지 못한다

사람들은 옷을 입을 때도 항상 바른 생각을 해야 한다.
양치질을 할 때도 항상 바른 마음을 가져야 한다.
혼자 길을 갈 때도 항상 바른 생각을 해야 한다.
그래야 미혹에 빠지지 않는다.
장님이 밝은 빛을 볼 수 없는 것처럼, 지혜가 없는 사람은 삶의 의미를 결코 깨닫지 못한다. 〈화엄경〉

8월 7일

부지런함은 깨끗함에 이르는 길이다

게으름은 곧 더러움에 이르는 길이다. 부지런함은 깨끗함에 이르는 길이다.

방일은 마음을 어지럽게 하는 길이며, 한결같은 마음은 해탈에 이르는 길이다. 〈문수사리정률경〉

8월 8일

마음의 물결이 잠잠해지면, 모든 사물이 제 모습을 나타낸다

세상 사람들의 마음은 온갖 번뇌와 망상으로 얼룩져 있어 마치 큰 파도와 같다.

물결이 출렁일 때마다 사람들의 몸과 마음도 출렁거려 어떤 사물도 제대로 보이지 않는다. 그러나 마음속에 이는 물결이 잠잠해지면, 모든 사물이 제 모습을 나타낸다.

연못이 바람 한 점 없이 고요하면 물밑까지 훤히 보이는 것처럼. 〈화엄경〉

8월 9일

마음이 하늘도 만들고, 사람도 만들며 극락과 지옥도 만든다

그대들이 바른 마음을 쓸 줄 알면 신들도 기뻐한다. 그저 마음 가는 대로 따라가서는 안 된다.

항상 몸과 마음을 바르게 하여 살아가는 데 나쁜 일을 하지 말고 마음을 부드럽게 가져야 한다.

그대들의 마음이 하늘도 만들고, 사람도 만들며, 그리고 극락과 지옥도 만든다. 그러므로 마음만을 좇지 말고 항상 마음의 주인이 되어야 한다. 〈장아함 반니원경〉

8월 10일

깨끗한 삶을 살려면
마음의 거울을 닦아야 한다

게으름은 온갖 악의 뿌리요, 부지런함은 온갖 선禪의 근원이다.

깨끗한 삶을 살려면 먼저 자신의 마음의 거울을 닦아야 한다.

모든 사람을 진심으로 사랑하고, 모든 사람에게 연민을 갖고, 모든 사람을 진심으로 축복해 주고, 오직 자신만을 생각하는 모든 것들을 버려야 한다. 〈열반경〉

8월 11일

일곱 가지의 선禪

선禪에는 일곱 가지가 있다.
첫째, 고난을 당하더라도 버리지 않고
둘째, 가난하더라도 버리지 않으며
셋째, 자신의 어려운 일을 상의하고
넷째, 서로 도와주고
다섯째, 어려운 일을 해 주고
여섯째, 주기 어려운 것을 주고
일곱째, 참기 어려운 것을 참는 것이다. 〈시분율〉

8월 12일

선한 일로 나쁜 짓을 덮는 사람은 구름을 뚫고 나온 달처럼 세상을 밝게 비춘다

과거에 나쁜 짓을 많이 저질렀어도 이제는 착한 일로 나쁜 짓을 덮는 사람이 되어라. 그런 사람은 이제 막 구름 사이를 뚫고 나온 달처럼 세상을 밝게 비춘다.

자신의 마음이 번뇌에 빠지지 않고, 자신의 생각이 결코 흔들리지 않으며, 선과 악을 초월하여 항상 깨어 있는 그 사람에게는 세상의 어떤 두려움도 존재하지 않는다. 〈법구경〉

8월 13일

작은 것에도 만족하는 법을 깨닫고
지나친 탐욕을 부리지 말라

나쁜 마음을 품고 사람들을 현혹시키지 말고 스스로 마음을 단정하게 하여 끊임없이 정진해야 한다.

비록 작은 것에도 만족하는 법을 깨닫고 지나친 탐욕을 부리지 말라, 이것이 곧 계율을 지키는 방법이다. 〈불유교경〉

8월 14일

이치에 따라 행동하는 사람이 안락하다

사람은 비열한 방법에 젖지 않아야 한다. 세상을 어물어물 살아가지 않아야 한다. 잘못된 생각을 갖지 않아야 한다. 세속의 허망한 일을 좇지 않아야 하고 항상 부지런하고 좋은 일을 실천해야 한다.

이치에 따라 행동하는 사람은 이 세상에서나 저 세상에서나 안락하게 지낸다. 〈소부경전〉

8월 15일

바르지 못한 천 마디 말은 옳은 말 한 마디만 못하다

큰 바위는 그 어떤 바람에도 끄떡하지 않듯이, 지혜로운 사람은 그 마음이 중후하기 때문에 어떤 비난이나 칭찬에도 결코 흔들리지 않는다.

천 마디의 말이 그 뜻이 바르지 않으면 들어서 마음의 산란함을 없애 주는 유익한 말 한 마디만 못하다. 〈법구경〉

8월 16일

마음을 항상 고요히 하여 어떤 경우라도 욕망을 일으키지 말라

사람은 무슨 일을 하건 항상 자만을 경계해야 한다. 또 자신이 남보다 우월하다거나 또는 열등하다는 생각에서 과감하게 벗어나야 한다. 그러한 분별 속에서 나라고 하는 허상은 더욱 커진다.

바다 한가운데는 잔잔하듯, 마음을 항상 고요히 하여 들뜨지 말라. 어떤 경우라도 욕망을 일으키지 말라. 〈수타니파타〉

8월 17일

참다운 지혜는 번뇌의 나무를 베는 도끼이다

참다운 지혜는 늙고 병들고 죽음의 바다를 건느는 견고한 배이며, 그리고 어두움을 밝히는 밝은 등불이고, 모든 병든 사람들의 좋은 약이며, 번뇌의 나무를 베는 도끼이다. 〈불유교경〉

8월 18일

마음이 꿋꿋하고 한결같은 사람에게는 어떤 근심도 없다

항상 노력하라.

그리고 영원한 안락을 얻기 위하여 열심히 공부하라.

마음의 불안이나 방일, 나태, 이 모든 것들은 깨달음을 이루는 데 가장 큰 장애가 된다.

근본을 찾고 밝혀 마음의 안정을 위해 항상 노력하라.

결코 태만해서는 안 된다. 계속 침묵의 가르침을 실행하라.

항상 꿋꿋함을 갖고 언제나 마음을 한결같이 하는 사람에게는 어떤 근심도 존재하지 않는다. 〈소부경전〉

8월 19일

세속의 괴로움을 멀리하는 것이 인내이다

노여워하지 않는 것이 인내요, 남을 해치지 않는 것이 인내이다.

다투지 않는 것이 인내요, 살생하지 않는 것이 인내요, 자기 자신을 지키는 것이 인내요, 남을 지켜 주는 것이 인내요, 탐욕을 없애는 것이 인내요, 세속의 모든 괴로움을 멀리하는 것이 인내이다. 〈보살장정법경〉

8월 20일

모욕을 참지 못하면 번뇌가 된다

모욕을 참지 못하는 것이 곧 번뇌의 원인이 된다.

나에게 집착하는 모든 번뇌는 남의 잘못 때문이 아니라 내 잘못 때문에 생긴 것이다.

불행한 일을 당했을 때 참지 않는다면 이는 곧 스스로 죄업을 짓는 것이 되고 그 죄업은 다시 자신에게 돌아오게 된다. 〈선계경〉

8월 21일

게으른 백 년의 삶은 부지런히 노력하는 하루의 삶보다 못하다

비록 백 년을 산다 해도 게으름에 젖어 정진하지 않는다면, 항상 부지런히 노력하며 사는 하루보다 못하다.

비록 백 년을 살지라도 행동이 나쁘고 마음이 어지럽다면, 항상 마음을 고요하게 지니고 덕행을 쌓으면서 사는 하루보다 못하다. 〈법구경〉

8월 22일

큰 악에는 열다섯 가지가 있다

1. 살생을 즐긴다.
2. 겁탈과 도적질을 한다,
3. 음란하며 질투를 한다.
4. 사기를 친다.
5. 아첨하기를 좋아한다.
6. 겉치레를 좋아한다.
7. 망언을 일삼는다.
8. 선함을 업신여긴다.
9. 탐착貪着하여 혼탁하다.
10. 방자하다.
11. 술에 취해 주정을 한다.
12. 어진 사람을 질투한다.
13. 도를 훼방한다.
14. 성인을 해코지 한다.
15. 재앙을 생각지 않는다. 〈불설패경〉

8월 23일

악행은 자신을 위태롭게 하고 선행은 자신을 편안하게 한다

항상 악한 일을 하지 말고 선한 일을 널리 베풀어 마음을 깨끗이 하라. 이것이 부처님의 가르침이다.

악한 행동은 자신을 항상 위태롭게 하는데, 어리석은 사람은 이를 쉽게 행하고, 선행은 자신을 최고로 편안하게 하지만, 어리석은 사람은 이를 결코 행하지 않는다. 〈법구경〉

8월 24일

행실이 옳지 못한 것은 마음의 때요, 못된 행동은 세상의 때이다

녹이 그 쇠를 녹슬게 하듯이 악도 역시 사람의 몸에서 생겨 몸을 망가뜨린다.

행실이 옳지 못한 것은 마음의 때요, 물건을 탐하는 것은 보시의 때요, 못된 행동은 이 세상과 다음 세상의 때이다. 그러나 이러한 세상의 때보다도 더 나쁜 때는 무지의 때이다.

이 무지의 때를 씻어 버리지 않으면 영혼의 새벽은 결코 찾아오지 않는다. 〈법구경〉

8월 25일

지혜로운 사람은 비록 작은 것이라도
남에게 베풀 줄 안다

지혜로운 사람은 자신이 결코 할 수 없는 일은 하지 않고 자신이 할 수 있는 일을 찾아 열심히 한다. 그러나 어리석은 사람은 자신이 할 수 있는 일은 하지 않고 반대로 자신이 할 수 없는 일을 하려고 애쓴다.

지혜로운 사람은 비록 작은 것이라도 남에게 베풀 줄 안다. 마음에 탐욕이 없어 자기의 공덕을 남에게 돌린다. 그런 보시가 전정한 보시다. 그러면 살아서는 복을 받고 죽어서는 다시 천상에 태어날 것이다. 〈아함경〉

8월 26일

현명하게 살고 싶다면 지혜로운 사람과 가까이 지내야 한다

현명하게 살고 싶다면 어리석은 사람과 가까이하지 말고 슬기로운 사람과 가까이 지내야 한다. 그리고 존경할 만한 사람을 섬겨야 한다.

현명하게 살고 싶다면 항상 자신의 분수를 지키고 선행을 쌓아야 한다. 그리고 부모를 잘 섬기고, 처자를 아끼고 자신의 일에 정진해야 한다.

현명하게 살고 싶다면 자신이 가진 것을 나누고 원칙을 지키며, 다른 사람에게 인덕을 베풀고 비난받을 일은 하지 않아야 한다. 〈대길상경〉

8월 27일

미움을 미움으로 대하면 훗날 반드시 자신에게 되돌아온다

바람 앞에서 먼지를 털면 그 먼지가 다시 자신에게 되돌아오듯이 미움을 미움으로 대하면, 그 미움은 반드시 자신에게로 되돌아온다.

미워하는 사람에게 미움으로 대하는 사람은 그 누구든 재앙에서 벗어나지 못한다. 원망을 원망으로 갚아서는 안 되며, 상대를 용서해야 한다. 그것이 원수에게서 항복 받을 수 있는 유일한 방법이다. 〈잡아함경〉

8월 28일

진리를 깨달은 사람은 다투지 않는다

진리는 하나요, 결코 둘이 아니다.

그러므로 진리를 깨달은 사람은 다투지 않는다. 하지만 세상 사람들은 제각각 다른 진리를 찬양하고 있다.

자기와 반대 의견을 가진 사람은 어리석다고 말하면서 자신은 진리에 다다른 사람처럼 생각하고 있다.

또 자신은 단점이 없다고 여기며 현명한 사람이라고 생각하고 있다는 잘못된 판단에서 사람들과 끝없이 다툼이 일어난다.

그러므로 이러한 편견을 버린다면 세상의 모든 말다툼은 사라질 것이다. 〈수타니파타〉

8월 29일

아첨은 자신도 속이고 남도 속이는 부끄러운 행동이다

아첨하는 것은 진리에 어긋난다.

그러므로 사람은 마음을 항상 바르게 가져야 한다.

아첨은 자신도 속이고 남도 속이므로 진리의 문에 들어온 사람에게 아첨이란 몹시 부끄러운 것이다.

그대는 마땅히 몸과 마음을 단정히 하여, 오직 정직으로 근본을 삼을 일이다. 〈불유교경〉

8월 30일

진실 아닌 것을 진실이라 하는 사람은 진리에 다다를 수 없다

진실이 아닌 것을 진실이라고 말하고 진실인 것을 진실이 아니라고 말하는 사람은 잘못된 생각에 사로잡혀 있는 사람이므로, 그는 결코 진리에 다다를 수 없다.

하지만 진실을 진실임을 알고 진실이 아닌 것을 진실이 아니라고 하는 사람은 항상 바른 생각을 하고 있는 사람이기 때문에 반드시 불멸의 진리에 다다르게 될 것이다. 〈소부경전〉

8월 31일

의심은 사람 사이를 갈라놓는 독이며,
서로의 생명을 해치는 칼이다

이 세상에서 남을 의심하는 것처럼 무서운 일은 없다.

의심이란 분노를 일으키게 하는 근본 요인이며, 두 사람 사이를 갈라놓는 독이며, 서로의 생명을 해치는 칼날이고, 서로의 마음에 고통을 주는 가시이다. 〈수타니파타〉

9월

작은 배려가 고뇌를 벗어나게 한다

9월 1일

진리의 말에 귀를 기울이는 것이 곧 행복의 모습이다

인내력을 기르고 항상 말을 따뜻하고 부드럽게 하는 것, 수행자들을 두루 만나며 알맞은 때에 진리의 말에 귀를 기울이는 것, 이것이 곧 행복이다.

세상살이에 뒤섞일 때에도 결코 마음이 흔들리지 않고 슬픔과 더러움으로부터 벗어나서 안정을 찾는 것, 이것이 곧 행복이다. 이렇게 꿋꿋이 걸어가는 사람은 그 어떤 경우에도 결코 패배하지 않는다.

또한 그는 모든 곳에서 편안을 얻게 되니 그 속에, 그 편안함 속에 행복이 깃든다. 〈수타니파타〉

9월 2일

깨끗한 마음으로 말과 행동을 하면 행복과 보람이 뒤따른다

세상의 모든 일은 사람들의 마음가짐에 따라 이루어진다. 사악한 마음으로 말과 행동을 하면 그에 따른 괴로움은 그 사람을 계속 따라다닌다.

반대로 깨끗한 마음으로 말과 행동을 하면 그에 따른 행복과 보람이 그 사람을 따라다닌다. 〈법구경〉

9월 3일

지나간 것에 집착하지 말며 새로운 것에 매혹되지 않아야 한다

지나간 것에 너무 집착하지 말며 새로운 것에도 너무 매혹되지 않아야 한다. 그리고 사라져 가는 것에 대하여 너무 슬퍼하지 말아야 한다.

그대를 꼬드기는 자에게 사로잡히지 않아야 한다. 그것들은 모두 거센 탐욕에 불과하며 마음의 걱정에 불과하다. 그것들은 건너기 어려운 욕망의 늪에 불과하다. 〈수타니파타〉

9월 4일

애욕에 젖은 마음을 다스리는 사람은 가을같이 투명하다

항상 지혜롭고 마음이 당당하고 넉넉한 사람, 자신의 애욕의 마음을 다스려 가을같이 투명한 사람, 자신을 깊이 관찰한 사람, 생과 죽음에 대한 집착을 없애 버리고 진리의 세계로 들어간 사람, 마음씨가 거칠지 않으며 모든 불신감에서 벗어난 사람은 마땅히 사람들로부터 존경을 받을 자격이 있다. 〈수타니파타〉

9월 5일

지혜로운 자는 물이 가득 찬 연못과 같다

세상의 모든 괴로움은 물질로 인해 발생한다. 그러므로 물질에 대한 집착을 버리면, 괴로움은 더이상 생기지 않는다.

모자라면 소리가 나지만, 가득 차면 매우 조용하다. 어리석은 자는 물이 반 정도 담긴 항아리 같고, 지혜로운 자는 물이 가득 찬 연못과 같다. 〈수타니파타〉

9월 6일

작은 배려가 세상의 고뇌를 벗어나게 한다

길에 나무를 심어 지나가는 사람들이 앉아서 쉬게 하며, 못이나 우물을 파 조롱박을 매달아 지나가는 모든 사람들이 그늘에서 더위를 피하고 우물로 갈증을 달래게 하면 세상의 온갖 고뇌에서 벗어나게 된다. 〈비야바문경〉

9월 7일

번뇌의 여행을 끝낸 사람에게는
고통은 존재하지 않는다

번뇌의 여행을 끝내고 모든 슬픔과 괴로움에서 벗어난 사람에게 고통은 결코 존재하지 않는다. 마치 불 없는 밤의 무서운 길을 지나왔으며, 세상의 명예와 속박에서도 해방되었으며, 욕망의 독도 송두리째 뽑았기 때문이다.

부지런히 노력하여 맑고 깨끗한 계율을 바르게 지켜야 한다. 바른 지혜로 해탈한 사람들에게는 악마도 접근하지 못한다. 〈소부경전〉

9월 8일

나쁜 짓을 하지 않고 착한 일을 쌓으면 마음은 평온하다

진실로 자신을 사랑하는 사람이라면, 결코 나쁜 짓을 하지 말아야 한다. 나쁜 짓을 하지 않고 착한 일을 쌓으면 마음은 항상 평온하다.

진실로 자신을 사랑하는 사람이라면 나쁜 마음이 생기지 않도록 항상 자신을 지킬 줄 알아야 한다. 〈잡아함경〉

9월 9일

육신의 꽃이 없다면 축복의 향기도 없다

마음을 다스리는 것도 중요하지만 육체를 다스리는 일은 더욱 중요하다. 육체가 없다면 어떻게 축복을 받아들이겠는가.

이 세상은 온갖 축복으로 가득 차 있다. 그것은 꽃이 있기 때문에 꽃의 향기가 나는 것과 같다. 육체라는 꽃이 없다면 축복이라는 향기도 결코 있을 수 없다. 〈헤바즈라 탄트라〉

9월 10일

우리는 숲속에 나뒹구는 나뭇잎처럼
고독하게 사는 존재이다

우리는 삶의 숲속에서 고독하게 살아간다. 마치 숲속에 나뒹구는 나뭇잎처럼. 그러나 이러한 삶을 부러워하는 사람들이 있다.

지옥에 떨어진 사람들이 천상에 사는 사람들을 부러워하듯이. 〈장로게경〉

9월 11일

원망을 떠나야 원망을 풀 수 있다

남을 원망하는 마음은 그 누구에게도 원망을 풀 수 없다. 오직 원망을 떠나야만 원망을 풀 수 있다. 이것은 영원히 변하지 않는 세상의 진리이다.

원망 속에 있으면서도 원망하지 말고, 근심 속에 있으면서도 근심하지 말며, 욕심 속에 있으면서도 결코 욕심을 내지 말라. 그리고 내 것이 아닌 것은 절대로 가지려고 하지 말라. 〈법구경〉

9월 12일

죄를 지었으면 결코 숨기거나 감추지 말라

세상의 모든 생명을 사랑하는 마음을 닦고, 모든 생명을 불쌍히 여기고, 모든 생명들에게 기쁘게 하는 마음을 닦고, 자기를 버리는 마음을 닦는 사람은 마침내 착한 마음을 갖게 된다.

죄를 지었으면 결코 숨기거나 감추지 말라. 감추면 죄가 더 무거워진다. 죄가 없어지기를 원한다면 부끄러운 생각을 가져야 할 것이다. 〈열반경〉

9월 13일

어떤 것에도 집착하지 않는 삶이 가장 성스러운 삶이다

입으로는 곧잘 성스러운 말을 하면서도 그것을 행동으로 옮기지 않는다면, 그는 결코 성스러운 삶을 누릴 수 없다.

그러나 많은 말은 하지 않지만, 자신이 뜻한 대로 살아가는 사람, 탐욕과 미움과 환상에서 깨어난 사람, 그 어떤 것에도 집착하지 않는 사람, 이런 사람들의 삶이야말로 성스러운 삶이다. 〈법구경〉

9월 14일

죄악은 서리나 이슬과 같아서 지혜의 태양이 떠오르면 사라진다

세상의 모든 죄업의 근원은 다 헛된 생각에서 비롯된다.

그러므로 참회하려고 한다면 단정히 앉아 존재의 실상을 살펴야 한다.

온갖 죄악은 마치 서리나 이슬과 같아서 지혜의 태양이 떠오르면 곧장 사라진다. 〈관음현경〉

9월 15일

인내는 분노를 이기고 선은 악을 이긴다

인내는 마침내 분노를 이기고 선행은 반드시 악행을 이긴다.

분노를 항상 가슴속에 품고 살아가는 사람이여, 그대의 마음속에 고통과 괴로움이 함께 있구나.

불길 같은 마음에 사로잡힌 사람이여, 그 나쁜 마음을 버리지 않는다면, 끝내 스스로 깨달음을 얻지 못할 것이다. 〈법집요송경〉

9월 16일

진실을 말하는 것이 최고의 가르침이다

악한 말을 하지 마라.

다른 사람이 악한 말을 해도 그 말을 되새기지 마라.

악한 말을 입에 담으면 오직 괴로움만 남는다.

항상 좋은 말만 하여라. 이치와 도리에 맞는 말만 하여라.

항상 진실만을 말하여라, 이것이 최고의 가르침이다.

세상을 살면서 말로 실수하지 않도록 항상 침착하게 행동하라,

말을 아껴 말로 인한 악행을 버리고 선행을 쌓아라,

마음으로 실수를 범하지 않도록 항상 침착하게 행동하라.

자신의 마음 씀씀이를 조절하여 모든 악행을 버리고 선행을 쌓아라. 〈소부경전〉

9월 17일

약한 자의 잘못을 용서하는 것이 가장 훌륭한 인격이다

자신이 큰 힘을 가지고 있으면서 약한 사람의 잘못을 용서하는 것이야말로 가장 훌륭한 인격이다. 힘이 없으면 어떻게 용서하겠는가. 남에게 온갖 모욕을 당할지라도 힘이 있는 자가 스스로 참는 것이야말로 가장 훌륭한 인격이다.

자기가 내뱉은 말이 자신을 번민하게 만들지 않으며, 다른 사람에게 마음의 상처를 주지 않으면 그 말은 좋은 말이요, 또한 그 말을 듣는 사람이 기쁘고 즐거우면 유쾌한 말이 된다.

항상 잘못을 저지르지 않는 마음을 유지하며 유쾌한 말을 하라. 〈잡아함경〉

9월 18일

좋은 말도 행동으로 옮기지 않으면 아무런 이익이 없다

마음은 모든 것의 근본이기 때문에 모든 일은 마음이 만든다. 항상 착하고 순수한 마음을 가지고 말하거나 행동하면 반드시 즐거움이 그를 따른다. 마치 그림자가 그 주인을 따르듯이.

사람의 마음을 유혹하는 아름다운 꽃일지라도 향기가 없는 꽃이 있듯, 좋은 말도 행동으로 옮기지 않으면 아무런 이익이 없다.

항상 어진 마음으로 분노를 다스리고, 선으로 악을 다스려라. 남에게 베풂으로 자신의 인색함을 다스리고, 진실로써 거짓을 다스려라. 〈법구경〉

9월 19일

좋지 못한 재난이 찾아오면 마음을 가두고 악한 생각을 버려야 한다

사람은 좋지 못한 재난을 만나면 마음을 가두고 악한 생각을 없애지 않으면 안 된다. 그리하여 온갖 탐욕과 성냄을 없애야 한다.

소를 치는 사람은 봄의 들판에 새싹이 자라면 소를 놓아 먹이되 소 떼들이 가는 곳을 지키고 주의를 게을리하지 않는다. 사람 또한 이와 같이 하여 자기의 마음이 어떻게 움직이고 있는가를 항상 지키고 잊지 않도록 해야 한다. 〈파리중부토베다피닷가경〉

9월 20일

성현의 마음에 머무르면 산처럼 고요할 수 있다

참는 것은 분노를 이기고, 착한 것은 악한 것을 반드시 이긴다.

남에게 은혜를 베풀면 악업에서 벗어나고, 진실된 말은 거짓의 말을 이긴다.

꾸짖지 않고 사납게 하지 않아도 언제나 성현의 마음에 머무르면, 비록 나쁜 사람이 화를 돋우더라도 산처럼 움직이지 않을 수 있다. 〈빈기가경〉

9월 21일

족함을 알고 번거롭지 않으며 간소한 삶을 살아야 한다

누구나 평화로운 경지에 이르기 위해서는 다음과 같은 일을 익혀 행해야 한다.

항상 곧고 올바르며 부드럽고 자만하지 않는 품성을 지녀야 한다. 만족함을 알고, 번거롭지 않으며, 간소한 삶을 살아야 한다.

자신의 감각을 잘 다스리고, 매우 지혜로우며, 겸손하고, 모든 애착을 끊어야 한다. 다른 사람들로부터 비난받을 만한 허물을 저지르지 않아야 한다. 〈자비경〉

9월 22일

깨달은 사람은 온 세상을 마음속에 담아도 항상 여유롭다

깨달은 사람은 온 세상을 마음속에 담아도 그 마음은 항상 여유가 있다. 그리고 모든 존재를 그 마음의 거울 속에 비춰 보아도 그 정신은 언제나 착한 상태에 머물러 있다. 〈조론〉

9월 23일

자기보다 약한 사람 앞에서 참는 것이 진정한 인내심이다

자기보다 강한 사람에게 참는 것은 그가 두렵기 때문이고, 자기와 비슷한 사람에게 참는 것은 다투기 싫어서이며, 자기보다 못하고 약한 사람 앞에서 참는 것이야말로 진정한 인내심이다.〈잡보장경〉

9월 24일

잘못을 비는 자는 너그럽게 용서하라

잘못을 지지르고 뉘우치지 않는 것은 큰 잘못이다. 잘못을 사과하고 용서를 비는 데 받아주지 않는 것도 잘못이다.

그들은 모두 어리석은 사람이다. 그러나 잘못을 저지르고 그것을 뉘우치는 것은 훌륭한 일이다.

그리고 자신의 잘못을 비는 사람을 용서하는 것은 더 훌륭한 일이다. 이들은 모두 현명한 사람이다. 〈잡아함경〉

9월 25일

작은 것에도 만족할 줄 아는 사람은 어디에 누워도 안락하다

만족할 줄 아는 사람은 비록 땅 위에 누워 있어도 매우 편안하고 즐겁다. 그러나 만족할 줄 모르는 사람은 비록 천당에 있을지라도 불만족스러울 것이다.

욕심이 없는 사람은 온갖 괴로움이 없지만, 욕심이 많은 사람들은 그 욕심에 비례해서 괴로움도 많다. 〈불유교경〉

9월 26일

상대방의 귀와 눈을 자신의 눈과 귀로 삼아야 한다

상대가 온갖 수단으로 자신을 헐뜯더라도 그들을 해치면 안 된다. 비록 그들이 나를 비난했다고 해도 내가 분노로 맞서 대한다면, 그것은 곧 스스로 지는 것이다.

또한 그들이 나를 칭찬한다고 해서 기뻐하거나 들떠서는 안 된다. 아무런 의미 없는 칭찬에 마음이 들뜨는 것도 나 자신이 지는 것이다.

상대방의 귀와 눈을 자신의 눈과 귀로 삼아야 한다. 그러면 밝은 눈으로 세상의 모든 것을 비춰 보지 못할 것이 없고, 밝은 귀로 듣지 못할 것이 없다.

굳이 무엇 때문에 오직 내가 보는 것과 내가 듣는 것만을 고집하여 빠져듦을 자초하려고 하는가. 항상 이를 명심해야 한다. 〈잡아함경〉

9월 27일

착한 행동 뒤에는 후회가 없고 보람 찬 마음이 생긴다

착한 행동은 많이 할수록 좋다. 착한 행동 뒤에는 후회가 없고 보람 찬 마음이 생긴다. 그리고 나쁜 행동은 하지 않으면 않을수록 좋다.

나쁜 행동은 반드시 훗날 번민을 불러와 그대를 몹시 괴롭힌다.

어리석은 사람은 자신이 나쁜 짓을 하면서도 결코 나쁜 짓을 하고 있다는 사실을 스스로 느끼지 못한다.

그러므로 그 사람은 예기치 못한 어느 날, 자신이 저지른 나쁜 짓에 의해 마침내 큰 손해를 입게 된다. 〈법구경〉

9월 28일

진실로 강한 사람은 오히려 약한 사람과 같다

눈이 밝은 사람은 오히려 장님과 같고, 귀가 밝은 사람은 오히려 귀머거리와 같다. 진실로 지혜로운 사람은 오히려 어리석은 사람과 같다. 그리고 진실로 강한 사람은 오히려 약한 사람과 같다.

그러므로 지혜로운 사람은 보고, 듣고, 느끼는 것으로부터 항상 멀리 떨어져 있어야 한다. 〈장로게경〉

9월 29일

많이 듣고 배워도 실천하지 않는다면
장님이 등불을 들고 있는 것과 같다

당신이 많은 것을 듣고 배워도 이것을 실천하지 않는다면 그것은 마치 장님이 등불을 들어 남을 밝혀 주는 것과 같다. 그리고 자신이 등불을 들고 있어도 자신 스스로는 보지 못하는 것과 같다. 〈대장엄론경〉

9월 30일

성공을 위한 노력을
목마른 사람이 물을 찾듯이 하라

누구나 자신의 일에 노력하는 마음은 마치 암탉이 알을 품듯이 하며, 고양이가 쥐를 잡듯이 하고, 배고픈 사람이 밥을 구하듯, 목마른 사람이 물을 찾듯 하고, 어린아이가 엄마를 생각하듯이 하다 보면 언젠가는 반드시 성공할 것이다. 〈선가귀감〉

10월

진리를 찾으면 지혜의 밝음만 남는다

10월 1일

마음에 장애가 없으면 배움이 넘친다

공부하는 데 결코 마음에 장애가 없기를 바라지 마라.

마음에 장애가 없으면 배우는 것이 넘치게 된다. 그래서 부처님께서 "장애 속에서 해탈을 얻으라"라고 말씀하셨다. 〈보왕삼매론〉

10월 2일

맛있고 맛없는 음식을 분별하지 말라

공양(식사)할 때 음식물을 마시고 씹는 소리를 내지 말고, 맛있고 맛없는 음식을 분별하지 말라.

모름지기 밥을 먹는 것은 몸이 약해짐을 치료하여 도를 이루기 위함이다. 〈계초심학인문〉

10월 3일

내 것도 내 것이 아니다

어리석은 사람은 "이것은 내 아들이다" "이것은 내 재산이다"라고 생각한다.

그러나 자기 자신조차도 자기의 것이 아닐진대, 이것이 누구의 아들이며, 누구의 재산이란 말인가? 〈법구경〉

10월 4일

작은 쾌락이 온갖 고통을 동반한다

깊고 견고한 뿌리를 가진 나무는 베어도 다시 자라나듯, 자신의 모든 욕망은 뿌리째 없애지 않으면 그로인한 괴로움이 다시 일어난다.

작은 쾌락이 온갖 고통을 동반한다. 그래도 세상 사람의 욕망은 마치 하늘에서 황급히 소나기처럼 쏟아질지라도 모두 채워지지 않는다. 〈법구경〉

10월 5일

자신을 등불로 삼고 의지할 곳으로 삼아라

자기 자신을 등불로 삼고, 자기 자신을 의지할 곳으로 삼아라.

진리를 등불로 삼고 진리를 의지할 곳으로 삼아라.

이 밖에 다른 것에 기대서는 안 된다. 〈아함경〉

10월 6일

진리를 찾으면 지혜의 밝음만 남는다

진리를 보는 사람은 마치 횃불을 들고 캄캄한 방에 들어간 것과 같아서 어둠은 곧 사라지고 온 방안이 밝아진다.

그와 같이 도를 닦아 진리를 찾으면 무지는 없어지고 지혜의 밝음만이 영원히 남게 된다. 〈사십이장경〉

10월 7일

빛은 반드시 어둠과 함께 있다

높은 곳에 있는 사람은 반드시 위태로움이 뒤따르게 되고, 많은 재산을 갖고 있는 사람은 반드시 가난이 뒤쫓게 된다.

사랑하는 사람에게는 반드시 이별이 뒤따르게 되고, 태어난 것에는 반드시 죽음이 뒤따르게 된다.

빛은 어둠과 함께 하니, 이것이 바로 변하지 않는 진리이다. 〈열반경〉

10월 8일

나무는 자라는 것이 눈에 보이지 않지만
어느새 큰 나무가 된다

맷돌과 숫돌은 어느 땐가 모두 닳아 없어진다. 나무를 심으면 자라는 것이 눈에 보이지 않지만, 어느새 자라 큰 나무가 된다.

항상 꾸준히 노력하여 마음의 공부를 하다 보면 그 마음의 공부는 깊어져 마침내 불멸의 곳에 이르게 된다. 〈선림보훈〉

10월 9일

내가 나쁜 말을 하면 남도 나에게 나쁘게 말한다

남이 듣기 싫은 말은 항상 삼가야 한다.

내가 나쁜 말을 하면 남도 나에게 나쁘게 말한다. 나쁜 말은 반드시 화를 초래하게 된다.

남을 그르다 하면 남도 나를 그르다 한다. 그러므로 자신을 삼가면 모든 괴로움은 사라진다. 〈아함경〉

10월 10일

사람들은 자기 자신만을 사랑하지만 안락하거나 이롭게는 못한다

세속인들은 모두가 자기 자신을 사랑한다.

그러나 정녕 자신을 편안하게 하거나 결코 이롭게 하지는 못한다.

하물며 이런 사람들이 어떻게 남을 편안하게 하고 남을 이롭게 하는 사랑을 베풀 수 있겠는가.

하지만 보살은 자신에 대한 사랑을 모두 버리고 오직 남만을 사랑한다. 〈대승장엄경론〉

10월 11일

베풀 때는 자신을 돌보지 않아야 하며 상대를 가려서도 안 된다

남에게 베푸는 것은 명예나 이익을 위함도 아니고 세상을 속이기 위함도 아니다.

남에게 베풀었다고 하여 우쭐한 마음을 품거나 은혜를 갚으리라고 바라서도 안 된다.

베풀 때에는 자기 자신을 돌보지 않아야 하며 베풀 상대 또한 가려서도 안 된다. 〈열반경〉

10월 12일

수행하는 사람이 화를 내는 것은 맑은 날 번갯불이 번쩍이는 것과 같다

어떤 사람이 그대를 해롭게 했더라도 결코 성을 내거나 원망하지 말아야 한다.

어떤 나쁜 생각이 불끈 치솟아 오를 때 온갖 번뇌가 일어난다. 비록 번뇌가 한량없지만 화를 내는 것은 그보다 더하다. 그리고 수행하는 사람이 화를 내는 것은 마치 맑은 날에 번갯불이 번쩍이는 것과 같다.

인내심이 없다면 참된 수행은 결코 이루어질 수 없다. 〈선가귀감〉

10월 13일

진리를 깨달은 사람은 그 어떤 것도 두려워하지 않는다

진리는 둘일 수 없다. 그래서 진리를 깨달은 사람은 그 어떤 것도 두려워하지 않는다.

하지만 세상 사람들은 제각기 다른 진리를 떠들어 대고, 자기와 반대 의견을 가진 자는 어리석다고 말하면서 자신이 알고 있는 진리가 절대적인 것으로 생각한다. 그리하여 자신을 완벽한 현자라고 착각하며 살고 있기 때문에 끝없이 다툼이 일어난다.

언쟁을 끝내려면 먼저 자신의 모든 편견을 버려야 한다. 그러면 조용한 날이 반드시 찾아온다. 〈수타니파타〉

10월 14일

사랑하는 사람이 없는 사람에게는
아무런 의욕도 없다

사랑하는 사람이 없는 사람에게는 어떤 괴로움도 없다. 그런 사람에겐 슬픔도 번민도 없다. 또한 그런 사람에게는 아무런 의욕도 없다. 〈우다나〉

10월 15일

괴로움은 괴로움을 낳게 마련이다

항상 명심해야 한다. 모든 괴로운 것에 대해서, 사랑의 괴로움, 가난의 괴로움, 집착의 괴로움, 나쁜 일에 빠져드는 괴로움 등 괴로움은 괴로움을 계속해서 낳게 마련이다. 그래서 사람은 항상 깨어 있어야 한다. 〈화엄경〉

10월 16일

참는 것이 힘의 원천이다

참는 것이야말로 힘의 원천이다.
참는 사람은 결코 악한 생각을 품지 않는다.
그러므로 항상 몸과 마음이 편안하다. 〈사십이장경〉

10월 17일

인내는 평화를 낳는다

인내는 그대와 나의 평화를 낳는다.

그대가 노여움에 물들지 않는다면, 그것은 곧 자기를 평화롭게 하는 것이다.

또 증오하고 원망하는 마음이 없다면, 그것은 곧 남을 위하는 길이다. 이것이 남을 평화롭게 하는 일이다. 〈섭대승론〉

10월 18일

용감히 일어서라 게을러서는 안 된다

용감이 일어서라, 결코 게을러서는 안 된다.
마땅히 자신이 해야 할 일은 속히 실행하라.
이치에 따라 행하는 사람은 이승에서나 저승에서나 안락을 얻는다. 〈소부경전〉

10월 19일

지혜가 없는 사람은 동쪽으로 걸어가지만 결과는 서쪽을 향해 걸어간다

비록 빼어난 재주와 높은 학식이 있다 하더라도 맑고 깨끗한 계행을 따르지 않는 사람은 좋은 곳으로 인도되지 않는다.

그리고 부지런히 실천해도 지혜가 없는 사람은 동쪽으로 걸어가지만 결과는 서쪽을 향해 걸어가게 된다. 〈발심수행장〉

10월 20일

장님은 아름다운 보석을 얻어도
그 가치를 몰라 기쁨을 느끼지 못한다

장님은 아름다운 보석을 얻어도 그 가치를 알지 못해 기쁨을 느끼지 못한다.

어리석은 사람도 이와 마찬가지다. 아주 큰 가르침을 만난다 해도, 자신의 어리석음으로 인해 그것이 삶의 고통에서 벗어나게 할 진리의 한 방법임을 깨닫지도 못하고 배울 생각도 하지 않는다. 〈대종지현무본론〉

10월 21일

계율의 덕은 땅보다 무겁고 교만한 마음은 하늘보다 높다

이 세상에서 땅보다 무거운 것이 무엇이며, 하늘보다 높은 것이 무엇인가? 계율의 덕은 땅보다 무겁고 교만한 마음은 하늘보다 높다.

이 세상에서 바람보다 빠른 것이 무엇이며, 온 세상의 풀보다 많은 것은 무엇인가? 과거를 기억함은 바람보다 빠르고 떠오르는 잡념은 풀보다 많다. 〈잡아함경〉

10월 22일

깨끗한 마음을 가지면 지혜가 생기고
마음에 지혜가 생기면 깨달음이 생긴다

음욕을 생각하지 않고, 성냄을 생각하지 않으며, 어리석음을 생각하지 않으면, 반드시 깨끗한 마음이 열린다.

깨끗한 마음을 가지면 반드시 지혜가 생기고, 마음에 지혜가 생기면 깨달음이 생긴다. 〈불반니원경〉

10월 23일

마음은 독의 뿌리이고 입은 재앙의 문이다

사람의 마음은 독의 뿌리이며, 입은 재앙의 문이다.

마음으로 생각하고 입으로 말하며, 몸으로 뜻하지 않는 불행을 겪는다.

선악을 생각하지 않는 사람은 스스로 업을 만들어 스스로 고통을 겪게 되며, 자신이 깨닫지 못하는 사이에 남을 해치려다가 수레에 머리가 끼인 줄은 모른다. 〈변의장자자경〉

10월 24일

자기를 버리는 마음을 닦는 사람은 착한 마음을 갖게 된다

세상의 모든 생명을 사랑하는 마음을 닦고, 모든 생명을 불쌍히 여기며, 모든 생명들에게 기쁘게 하는 마음을 닦고, 자기를 버리는 마음을 닦는 사람은 마침내 착한 마음을 갖게 된다. 〈열반경〉

10월 25일

목마른 사람이 물을 찾듯이
큰 지혜를 찾는 것을 게을리해서는 안 된다

목마름을 느끼는 사람이 물을 찾듯이, 그리고 장사꾼이 큰 이익을 원하듯이, 더위에 지친 사람이 나무 그늘을 간절히 원하듯이 살아가는 데 도움이 되는 좀 더 큰 지혜를 찾는 것을 게을리해서는 결코 안 된다. 〈수타니파타〉

10월 26일

병들어 고통에 놓일 때
재물은 아무런 위로도 주지 않는다

어리석은 사람은 항상 재물을 열심히 모은다. 온갖 방법을 가리지 않고 재물을 모은다.

그러나 막상 그가 병들어 고통을 호소할 때 재물은 아무런 위로도 해 주지 않는다. 〈생경〉

10월 27일

애착으로부터 자신을 다스려야 한다

애착은 모든 것의 좋고 나쁨을 가리게 되고, 마침내 좋고 나쁨을 가리게 되면 더욱더 애착하게 된다.

좋고 나쁨을 가리고 애착심을 가지는 것은 서로 고리가 되어 더욱 얽히고 깊어진다.

따라서 애착으로부터 자신을 잘 다스려 탐욕에 결코 물들지 않도록 힘써야 한다. 〈아함경〉

10월 28일

집착을 버리면 고통으로부터 해방된다

우리가 인간으로서 이 세상에 태어나는 것은 나 자신에 집착해 있기 때문이다.

그러므로 자신에 대한 집착심을 모두 없애 버린다면, 다시는 고통스러운 이 세상에 태어나지 않을 것이다.〈화엄경〉

10월 29일

마음을 잘 닦은 사람은 짐이 무겁지 않다

잘 길들여진 코끼리는 아무리 무거운 짐을 실어도 지치는 일이 없다. 그리고 마음을 잘 닦은 사람은 아무리 무거운 삶의 짐을 나를지라도 결코 지치지 않는다. 〈보적경〉

10월 30일

비굴하게 살기보다는 당당하게 살다가 죽는 것이 더 낫다

세상을 살면서 온갖 부정을 저지르며 비굴하게 살다가 죽는 사람도 있고, 올바르고 당당하게 살다가 죽는 사람도 있다.

하지만 당신은 비굴하게 살기보다는 당당하게 살다가 죽는 것이 더 낫다는 것을 잘 알고 있지만, 당신이 그렇게 행동하지 않는 것이 큰 문제이다. 〈아함경〉

10월 31일

분수에 넘치는 이익을 바라지 말라

자신의 이익을 분수에 넘치게 바라지 마라, 이익이 분수에 넘치면 반드시 어리석은 마음이 생긴다.

그래서 부처님께서 "적은 이익으로서 부자가 되라"라고 말씀하셨다. 〈보왕삼매론〉

11월

진정한 사랑은 그 영원을 뛰어넘는다

11월 1일

지혜로운 자만이 생사의 굴레에서 벗어날 수 있다

당신의 삶의 나무에서는 낙엽이 지고 있다. 이제 죽음의 사자가 당신을 기다리고 있다.

당신은 원하지 않아도 머나먼 길을 떠나야 한다. 그런데도 아직 길을 떠날 준비가 되어 있지 않다.

당신의 생은 마지막 장에서 기다리고 있다. 당신 곁에는 죽음의 신이 와서 기다리고 있다.

죽음으로 가는 길에는 쉴 곳도 없다. 그런데도 아직 길을 떠날 준비가 되어 있지 않다. 오직 당신 자신을 의식처로 삼아 부지런히 노력해야 한다. 그리고 반드시 지혜로운 자가 되어야 한다.

세상의 모든 더러움을 멀리 날려 보내고 온갖 번뇌로부터 벗어나야 한다. 그러면 당신은 생사와 윤회의 굴레에서 벗어나게 될 것이다. 〈법구경〉

11월 2일

세상에 살아 있을 때는
주어진 삶 그대로 살아가야 한다

당신이 이 세상에 살아 있을 때는 주어진 삶 그대로 살아가야 한다.

죽을 때는 죽음 그 자체가 되어 죽어야 한다. 그렇게 되면 당신은 세상의 어떤 두려움이나 불안한 마음도 사라지게 된다. 〈벽암록〉

11월 3일

세상의 모든 생명은 잠시도 멈추지 않고 점점 늙음의 문으로 다가간다

나의 생명은 얼마나 길까?

하루가 지나면 내게 주어진 생명의 길이는 그만큼 줄어들어서 점점 죽음의 문으로 다가가게 된다.

아무리 좋은 수단과 방법을 동원해도 그 누구도 결코 죽음을 피할 수 없다. 결국 이 몸은 죽어 어느 곳에 태어나며 두려운 지옥의 고통은 어떻게 참을 수 있을까?

이 몸은 잠시도 멈추지 않고 점점 늙음의 문으로 다가간다. 〈삼지관경〉

11월 4일

사람은 태어나서 죽는 그 순간까지 온갖 고뇌가 뒤따른다

세상에 태어난 후 변하고 노쇠하는 것을 늙음이라 하고, 마침내 없어지는 것을 죽음이라 한다.

사람이 태어나서 죽기까지 온갖 고뇌가 생기고, 그러한 고뇌로 인해서 걱정, 그리고 슬픔과 눈물이 생긴다. 〈화엄경〉

11월 5일

먼 곳에 떨어져 있다 해도 마음이 통하면 내 곁에 있는 것과 같다

비록 한 이불 속에서 살을 비비며 산다고 해서 마음이 통하는 것은 아니며, 오히려 마음의 거리가 만리 길일 수 있다.

몸은 비록 먼 곳에 떨어져 있다 해도 마음이 통하면 그 사람은 언제나 바로 내 곁에 있는 것과 같다. 〈육방예경〉

11월 6일

진정한 사랑은 그 영원까지 뛰어넘는다

가족 간에 시기하거나 증오해서는 안 된다. 얼굴은 항상 온화하게 하고, 서로 멀리 떨어져 있어도 항상 걱정하는 마음을 가져야 한다.

아버지의 사랑은 무덤까지 이어지고, 어머니의 사랑은 영원까지 이어진다. 그러나 진정한 사랑은 그 영원까지 뛰어넘는다. 〈무량수경〉

11월 7일

이 세상에 올 때 빈 손으로 왔듯이 빈 손으로 떠난다

사람은 본의 아니게 저 세상으로부터 왔다가 저 세상으로 훌쩍 떠나 버린다.

세상을 살아가면서 많은 재산을 모은 사람도 있고, 높은 명성을 얻은 사람도 있다.

그러나 그들은 모두 어디로 갔는가. 그들은 이 세상에 올 때 빈 손으로 왔듯이 빈 손으로 이 세상을 떠났다. 〈본생경〉

11월 8일

내 것이라고 생각하지만 영원토록 내 것일 수 없다

아! 인간의 목숨이여. 백 년도 채우지 못하고 죽는 것을, 비록 백 년을 넘어 산다고 해도 늙고 쇠하여 마침내 죽는 것을.

이것은 내 것이라고 집착한 그 물건 때문에 사람들은 항상 괴로움 속에서 슬피 울고 있다.

내 것이라고 생각한 것은 영원히 내 것일 수 없기 때문이다.

이 세상은 끊임없이 변해 가고 있으니 이를 알고 하루 빨리 진리를 탐구하라. 〈수타니파타〉

11월 9일

죽은 자의 몸이 없어져도
죽은 자가 지은 악은 그대로 남는다

그림자가 형상을 따르듯이 이 세상 모든 것은 죄와 복으로 말미암은 것은 없다.

그러므로 죽은 자의 몸은 비록 없어지더라도 그가 지은 선과 악의 결과는 그대로 남아 있다가 다음 생을 받을 때에 결정적인 원인이 된다. 〈패경〉

11월 10일

온갖 사물은 시시각각으로 변하며 잠시도 머물지 않는다

온갖 사물은 시시각각으로 변한다. 그리고 잠시도 머물지 않는다.

그것은 마치 꽃잎에 맺힌 이슬과 같고, 쉬지 않고 흐르는 물과 같으며, 모래로 쌓아 올린 성과 같다. 그러므로 지혜 있는 사람이라면 거기에 애착심을 갖지 마라.

우리의 목숨은 덧없고 인생은 한순간이니, 부지런히 닦아져 불멸의 곳으로 나아가라. 〈보문경〉

11월 11일

이 세상의 존재는 반드시 사라진다

이 세상의 존재는 반드시 사라지는 것이다. 단단하지도 않고 모양도 없다.

이는 절대적인 것도 아니며, 즐길 만한 것도 아니다. 따라서 그대들은 부지런히 정진하여 해탈을 추구해야 한다. 〈살발다경〉

11월 12일

우리의 생명은 길가에 뒹구는 낙엽과 같다

이제 당신의 용모는 몹시 시들었다.

당신의 몸은 병들었고 쇠약하다.

당신의 생명은 늦가을에 버려진 표주박과 같고 길가에 뒹구는 낙엽과 같다.

당신은 결국 죽음으로 돌아갈 것이다.

앙상한 백골 위에 살을 씌우고 늙음과 죽음, 도도함과 위선으로 꾸민 거기에 어떤 즐거움이 있겠는가! 〈소부경전〉

11월 13일

망가진 수레가 움직일 수 없듯 사람도 늙은 뒤에는 수행할 수가 없다

하루가 흘러 한 달이 되고, 한 달이 흘러 일 년이 되고, 일 년이 흘러서 어느덧 죽음의 문턱에 이르게 된다.

망가진 수레는 움직일 수가 없고 사람은 늙은 뒤에는 수행할 수가 없다. 그런데도 누워서 계속 게으름을 피우고 있다.

수행한 것이 얼마나 되는가.

얼마나 되기에 그토록 허송세월을 보내고 있는가.

우리의 몸은 언젠가는 반드시 죽게 될 것이다. 다음 생은 어찌할 것인가. 〈원효, 발심수행장〉

11월 14일

태어난 것은 사라지고, 사라진 것은 다시 태어난다

세상의 모든 현상은 인연에 의해 만들어진다.

그러므로 단 한 순간도 똑같은 상태로 머물러 있지 않는다. 태어난 것은 사라지고 사라진 것은 다시 태어난다.

하지만 이 생성과 소멸의 두 세계를 넘어서면 거기 영원한 법열이 세계인 열반이 있다. 〈대반열반경〉

11월 15일

이 세상에 태어난 어떤 사람도 죽음을 피해가지 못한다

이 세상에 태어난 사람은 죽음을 피할 길이 없다.

사람은 언젠가는 늙어 죽는다. 살아 있는 사람의 운명은 이와 같은 것이다.

이 세상의 젊은 사람이나 늙은 사람이나 현명한 사람이나 어리석은 사람이나 모두 죽음에 굴복한다.

모든 사람은 태어나면 반드시 죽음에 이른다. 그들은 죽음에 이끌려 저승으로 사라진다. 하지만 어느 누구도 그를 구할 수가 없다. 〈수타니파타〉

11월 16일

죽음은 인생의 매듭이기 때문에 엄숙하다

삶은 불확실한 인생의 과정이지만, 죽음만큼은 인생의 매듭이기 때문에 엄숙할 수밖에 없다.

그대의 삶에는 한두 차례 시행착오가 용납될 수 있지만, 죽음에는 그럴 만한 여유가 없다. 그러므로 잘 죽는 일은 바로

잘 사는 일과 직결된다.〈본생경〉

11월 17일

거짓말은 반드시 중생을 악한 길로 떨어지게 한다

거짓말은 반드시 중생을 악한 길로 떨어지게 한다.

만일 인간 세상에 태어난다고 하더라도 다른 사람에게서 많은 비방을 듣게 되고 늘 많은 사람들에게 속게 된다.

이간질하는 말은 중생을 악한 길에 떨어지게 한다.

만일 인간 세상에 태어난다고 하더라도 반드시 악한 사람을 만나게 되고 집안이 화목하지 못하게 된다.

악한 말은 중생을 악한 길로 떨어지게 한다.

만일 인간 세상에 태어난다고 하더라도 항상 악한 소리를 듣게 되고 다툼이 있게 된다.

아첨하는 말은 중생을 악한 길로 떨어지게 한다.

만일 인간 세상에 태어난다고 하더라도 아무도 그 사람의 말을 믿지 않으며, 그리고 남의 말을 알아듣지도 못하게 된다. 〈십주경〉

11월 18일

사람의 몸을 얻었다 해도 모든 것은 무상하다

사람의 몸은 참으로 얻기가 어렵다.

비록 사람의 몸을 얻었다 할지라도 귀 · 눈 · 입 · 코를 잘 갖추기 어렵고, 귀 · 눈 · 입 · 코를 잘 갖춰다 할지라도 남에게 믿음을 얻기 어렵고, 남에게 믿음을 얻었다 할지라도 착한 벗을 만나기 어렵고, 착한 벗을 만날지라도 자신을 찾기 어렵고, 자신을 찾을지라도 모든 것은 무상하다. 〈우바새계경〉

11월 19일

음욕은 사랑에서 찾아오고 생명은 음욕에서 싹튼다

사람은 애정과 탐욕과 음욕 때문에 생사에 윤회한다.

음욕은 애정을 일으키고 애정은 태어남과 죽음을 일으킨다.

음욕은 사랑에서 찾아오고 생명은 음욕에서 싹튼다.

음욕으로 마음에 거슬림이 생기고, 미움과 질투를 일으켜 온갖 악업을 계속 낳는다.

그러므로 생사의 윤회에서 벗어나려면 먼저 탐욕을 끊고, 애정의 갈증에서 벗어나야 한다. 〈원각경〉

11월 20일

악을 행한 자는 아무리 축원해도 지옥을 피해갈 수는 없다

평소에 걸핏하면 살생을 저지르고 남의 것을 빼앗으며, 남의 여자를 탐내며, 항상 거짓말과 그릇된 생각을 가지는 등 온갖 나쁜 짓을 저지른 사람이 있었다.

그가 죽을 때 많은 사람들이 찾아와 축원했다.

"죽은 후에는 천상에……."

하지만 그는 결국 지옥으로 빠져들었다. 마치 무거운 돌이 물속으로 가라앉듯이. 〈중아함경〉

11월 21일

마음에 분노를 품으면 선한 마음을 불태운다

표주박에 기름을 담아 활활 타오르는 불에 부어 보라.

그러면 불은 표주박에 붙어 표주박을 곧장 태워 버린다. 분노도 이와 같다. 마음속에 분노를 품으면 마음속에 있던 착한 마음을 불태워 버린다.

그대 마음속에 있는 증오심을 없애면 분노는 쉽게 사라진다. 소용돌이치는 물결이 돌고 돌듯이 분노도 그와 같다.

비록 한때 화가 났다 해도 그것을 마음 깊이 쌓아 두지 말라. 그리하면 마음이 상하지 않는다. 〈아함경〉

11월 22일

큰 인물의 여덟 가지 조건

첫째, 욕심이 적은 소욕小慾이며
둘째, 만족함을 아는 지족知足이며
셋째, 고요하게 안정된 적정寂靜이며
넷째, 삿됨과 번뇌를 여의는 원력願力이며
다섯째, 부지런히 노력하는 정진精進이며
여섯째, 마음이 산란하지 않은 선정禪定이며
일곱째, 일체를 아는 지혜智惠이며
여덟째, 일체 거리낌이 없는 무애無涯이다. 〈우바이정행법문경〉

11월 23일

재물을 구하는 자에게
여섯 가지 옳지 않은 길이 있다

재물을 구하는 사람에게 여섯 가지의 옳지 않은 길이 있다. 그 여섯 가지란 무엇인가?

첫째, 놀면서 재물을 구하는 자

둘째, 때가 아닐 때 재물을 구하는 자

셋째, 게으르면서 재물을 구하는 자

넷째, 나쁜 친구를 가까이 하면서 재물을 구하는 자

다섯째, 창녀나 술집 여자들과 놀기를 좋아하면서 재물을 구하는 자

여섯째, 남에게 항상 기대면서 재물을 구하는 자는 옳은 길이 아니다. 〈대품선생경〉

11월 24일

어느 한 곳에 얽매이지 않는 자유로운 삶을 살아가라

탄생과 죽음의 기나긴 생사 윤회生死輪廻의 여행길에서 지친 나그네가 되는 것은 매우 괴로운 일이다.

그러므로 그대여, 부디 무지無知에 지친 나그네가 되지 마라.

또한 어느 한 곳에 얽매이지도 말고 그냥 자유롭게 살아가라.

자신의 행복을 위해서 다른 사람의 행복을 방해한다면, 그는 결코 진정한 행복을 느낄 수 없다.

그러나 자기 자신의 행복을 위해서 다른 사람의 행복을 방해하지 않는다면, 그는 진정한 행복을 느낄 수 있다. 〈법구경〉

11월 25일

근심과 속박에서 벗어난 사람에게 괴로움은 결코 존재하지 않는다

기나긴 번뇌의 여행을 끝내고 온갖 근심과 속박에서 벗어난 사람에게 괴로움은 결코 존재하지 않는다.

불 없는 밤의 캄캄한 길을 지나왔으며, 세상의 명예와 속박에서도 벗어났으며, 욕망의 독도 뿌리째 뽑았기 때문이다. 〈소부경전〉

11월 26일

악을 저질렀을 땐
항상 부끄러워하는 생각을 가져라

몸으로 악을 저질렀을 때에도 항상 부끄러워하는 생각을 가질 것이며, 입으로 악을 행했을 때에도 부끄러워하는 생각을 가질 것이며, 마음으로 악을 행했을 때에도 부끄러워하는 생각을 가져야 한다.

게으른 마음이 생겼을 때에도 부끄러워하는 생각을 가질 것이며, 질투심이 생겼을 때에도 부끄러워하는 생각을 가져야 한다. 〈대집경〉

11월 27일

참회하는 마음은 마치 쇠갈고리와 같아서
인간의 잘못된 마음을 억제한다

항상 참회하는 마음으로 살아야 하니, 참회하는 마음은 덕망 중에서도 가장 으뜸이 되기 때문이다.

참회하는 마음은 마치 쇠갈고리와 같아서 능히 인간의 잘못된 마음을 억제한다. 그러므로 언제나 참회하는 마음을 가져야 할 것이다. 〈불유교경〉

11월 28일

어머니 같고 누이 같고 친구와 같은 아내는 그 이름까지 사랑하고 공경한다

세상에는 마치 어머니 같고, 누이 같고, 친구와 같은 아내가 있는 반면에 원수와 같고 도둑과 같은 아내도 있다.

어머니 같고, 누이 같고, 친구와 같은 아내는 그 이름을 널리 떨쳐 남들이 사랑하고 공경한다.

그리고 일가 친척들도 그 여자의 덕을 칭송한다. 원수와 같고 도둑과 같은 아내는 항상 비난을 받고 몸과 마음이 편치 못해 늘 앓게 된다.

눈을 감으면 악몽으로 두려워 떨게 되고 자주 나쁜 일을 겪으며, 죽어서는 악한 곳에 떨어져 헤어날 길이 없다. 〈옥야경〉

11월 29일

진리를 알고자 노력하는 것은 불멸의 길이고, 쾌락을 일삼는 것은 죽음의 길이다

어리석은 사람에게는 살고 죽는 것이 큰 고통인데, 그것은 바른 진리를 모르기 때문이다.

바른 진리를 알고자 노력하는 것은 불멸의 길이고, 게으르고 쾌락을 일삼는 것은 곧 죽음의 길이다.

그대는 탐내지 않으면 죽지 않을 것이다.

그러나 도를 잃으면 스스로 죽을 것이다. 〈출요경〉

11월 30일

죽음이 몸과 마음을 무너뜨리는 곳에도
자비로 베푼 공력은 양식이 된다

죽음이 몸과 마음을 무너뜨리는 곳에도 자비로 베푼 보시의 공덕은 자신을 따르는 양식이 된다.

자신의 몸과 마음을 잘 거두어 갈무리하고 돈과 재물, 음식 등을 능력에 따라 널리 베풀며, 언제나 게으르지 않고 마음을 닦는다면 비록 삶을 마친다 해도 그것은 결코 헛된 삶이 아니다. 〈잡아함경〉

12월

애욕은 늪과 같고 칼날과 같다

12월 1일

사랑을 갖지 않은 사람에게는 슬픔도 번뇌도 없다

사랑하는 사람을 백 명 가진 사람에겐 반드시 백 가지 괴로움이 따른다.

그러나 사랑하는 사람을 갖지 않은 사람에게는 괴로움이 없다. 그리고 그런 사람에게는 슬픔도 번뇌도 없다. 〈우다나〉

12월 2일

덕을 베푼 것을 헌신짝처럼 버리라

남에게 공덕을 베풀려면, 결코 인과응보因果應報를 바라지 말라.

인과응보를 바라면 자신이 도모하는 뜻을 가지게 되니, 그래서 부처님께서 "덕을 베푼 것을 헌신짝처럼 버리라"라고 말씀하신 것이다. 〈보왕삼매론〉

12월 3일

세상에 태어남이 있기 때문에 늙음과 죽음이 있는 것이다

죽음에도 종류가 매우 다양하다. 뉘우치고 죽는 것은 중생이고, 횡사하는 죽음은 고독하고 외로운 사람이다.

얽매여 죽는 것은 짐승과 같다. 뜨겁고 고통스럽게 죽는 것은 지옥이다. 목마르고 배고파 죽는 것은 아귀이다.

늙음과 죽음은 결코 자신이 만든 것이 아니다, 그리고 남이 만든 것도 아니다, 그렇다고 해서 원인 없이 만들어진 것도 아니다.

세상에 태어남이 있기 때문에 곧 늙음과 죽음이 있는 것이다. 〈잡아함경〉

12월 4일

극락에 가는 자가 적은 것은 탐욕과 어리석음을 보물로 여기기 때문이다

누가 극락에 가지 못하게 말리는가.

그곳에 가지 못하게 막는 사람이 없는데도 극락에 가는 사람이 적은 것은 탐욕과 성냄, 그리고 어리석음을 자기의 보물로 여기기 때문이다.

누가 지옥으로 유인하는가? 유인하지도 않았는데 지옥에 떨어지는 사람이 많은 것은 자신의 몸과 마음을 온갖 욕심으로 채우고 그것을 마음의 보배로 삼았기 때문이다. 〈발심수행장〉

12월 5일

도는 지혜를 통해 얻어지는 것이지, 어리석음에서 얻어지는 것이 아니다

도[道]는 만족함을 아는 것에서 얻는 것이며, 결코 애착에서 얻어지지 않는다.

도는 바른 생각에서 얻어지며, 삿된 생각에서 얻어지지 않는다.

도는 고요한 마음에서 얻어지고, 산란한 마음에서 얻어지지 않는다.

도는 지혜를 통해 얻어지고 어리석음에서 얻어지지 않는다. 〈중아함경〉

12월 6일

수행자의 행동이 바르면 깨달음은 바로 가까이에 있다

칼을 잘못 잡으면 손바닥을 베이듯이, 수행자의 행동이 바르지 않으면 곧장 지옥으로 끌려간다.

그러나 칼의 손잡이를 바르게 잡으면 손바닥을 베는 일이 없듯이, 수행자의 행동이 바르면 깨달음은 가까이에 있다. 〈법구경〉

12월 7일

사자는 사람이 화살로 쏘려고 하면 그 사람을 향해 달려간다

사자는 사람이 화살로 쏘려고 하면, 그 사람에게 달려간다. 그러나 어리석은 개는 사람이 때리는데도 돌멩이를 쫓아간다.

사자의 행동은 지혜가 있는 사람이 그 근본을 구해 번뇌를 없애는 일이요, 어리석은 개의 행동은 고행을 하면서도, 정작 마음의 근본을 알지 못하는 어리석은 수행을 하는 것이다. 〈대장엄경론〉

12월 8일

구도자는 언제나 자비로움과 공손한 마음으로 이웃을 사랑해야 한다

세상의 살아 있는 생물을 죽이지 말라.

구도자는 언제나 자비로움과 공손한 마음으로 내 이웃을 사랑해야 한다.

그런데 도리어 교만한 생각과 방자한 마음으로 이 세상의 살아 있는 것을 죽인다면 그것은 큰 업보가 된다. 〈범망경〉

12월 9일

자신을 위해 베푼 공덕은 아무리 크다고 해도 겨자씨 정도에 그친다

자비심을 가지고 남을 위해 베푼 공덕은 드넓은 대지처럼 몹시 광활하다. 그러나 자신을 위해 베푼 공덕은 아무리 크다고 해도 겨자씨 정도에 그친다.

재난에 빠진 중생을 구제했을 때는 다른 어떤 보시보다 그 공덕이 크다. 마치 하늘에 수많은 별이 빛나도 밝은 달만 못한 것과 같다. 〈대장부론〉

12월 10일

인색과 탐욕은 가난의 지름길이 되고, 보시는 행복의 지름길이 된다

가난하여 보시할 수가 없을 때에는 남이 보시하는 것을 보고 기쁜 마음을 가져라.

남의 착한 행동을 보고 기뻐하는 마음을 가지는 것은 보시하는 것과 같은 공덕이 되고, 이것은 누구나 행하기 쉬운 일이다.

그러므로 모두들 망설이지 말라.

인색과 탐욕은 가난의 지름길이 되고, 보시는 곧 행복의 지름길이 된다. 〈인과경〉

12월 11일

수행자는 자신의 목숨을 잃게 되더라도 남의 목숨을 빼앗으면 안 된다

내가 죽음을 싫어하는 것처럼 세상의 생명을 지닌 모든 것들도 모두 죽음을 싫어한다.

수행자는 자신의 목숨을 잃게 되더라도 남의 목숨을 결코 빼앗으면 안 된다.

이처럼 살생을 하지 않아야 마침내 진리에 다다를 수 있다.

그러므로 목숨이 있는 세상의 모든 것들에게
항상 사랑과 자비를 베푼다면 두려움은 사라질
것이다. 〈대방편불보은경〉

12월 12일

자식이라면 다섯 가지 일을 마음에 새겨 부모를 공경해야 한다

사람의 자식이라면 마땅히 다음의 다섯 가지 일을 마음에 새겨 부모님을 공경하고 순종해야 한다.

첫째, 받들어 봉양함에 항상 부족함이 없게 하고
둘째, 할 일이 있으면 먼저 부모님께 말씀드려야 하고
셋째, 부모님께서 하시는 일에 거스르지 않아야 하고
넷째, 부모님의 말씀을 어기지 않아야 하고
다섯째, 부모님이 하시는 바른 일을 계속해야 한다. 〈선생경〉

12월 13일

바르게 깨닫는 여섯 가지 부처님의 말씀

부처님께서 바르게 깨닫는 것을 빨리 성취할 수 있는 여섯 가지 법을 말씀하셨는데

첫째, 항상 자비를 행하여 원한도 없고 번뇌도 없게 함이요

둘째, 입으로 깊은 지혜의 뜻을 연설하여 항상 자비를 행함이요

셋째, 마음을 자비롭고 인자하게 하여 중생들을 불쌍히 생각하고 화합하게 함이요

넷째, 계戒를 수호하고 대승의 업을 구하려는 생각을 하지 않음이요

다섯째, 바른 견해로, 도와 세속이 둘이 아님을 보는 관점이요

여섯째, 먹을 것을 구함은 업業의 재난으로부터 구제하기 위하여 몸을 돕고자 함이다. 〈불설연도속업경〉

12월 14일

중생을 위하여 해야 할 네 가지 일

불자로서 중생을 위하여 해야 할 네 가지 일이 있는데,
그 네 가지란 무엇인가?
첫째, 남에게 은혜롭게 베풂이요
둘째, 항상 자애로운 말을 함이요
셋째, 유익한 행동을 함이요
넷째, 평등한 이로움을 행함이다. 〈대품선생경〉

12월 15일

불도를 빨리 성취할 수 있는 네 가지 법도

부처님께서 불도를 빨리 성취할 수 있는 네 가지 법을 말씀하셨는데,

첫째, 모든 것은 실로 청정한 것임을 아는 것이요.

둘째, 우주 만물은 모두 허깨비가 환상으로 나타남과 같은 것으로 아는 것이요.

셋째, 인위적인 생사를 끊어 없앰이요.

넷째, 그 인위적인 반연絆緣도 분별에 의한 것이므로 본래 형상이 없음을 알아야 한다. 〈불설연도속업경〉

12월 16일

진리를 아는 사람은 자신의 생각이나 자만심을 갖지 않는다

진리를 아는 사람은 자신의 생각이나 자만심을 갖지 않는다. 그리고 종교적 행위에 결코 끌려가지 않으며, 어떤 마음의 유혹에도 끌려가지 않는다. 차별의 생각에서 벗어난 사람에게는 더이상 아무런 속박이 없다.

지혜를 통해서 자유를 얻은 사람은 없는 것을 있는 것처럼 생각하거나 실제와는 다르게 보거나 느끼는 일이 없다.

그러나 편견을 고집하는 사람들은 항상 서로 충돌하면서 이 세상을 힘겹게 살아간다. 〈수타니파타〉

12월 17일

애욕은 늪과 같고, 굵은 밧줄과 같고, 칼날과 같다

애욕은 세상의 착한 가르침을 불태워 버리는 불꽃과 같아서 모든 공덕을 순식간에 없애 버린다.

애욕은 늪과 같고, 굵은 밧줄과 같고, 시퍼런 칼날과 같다.

애욕은 험한 가시덤불에 들어가는 것과 같고, 성난 독사를 건드리는 것과 같으며, 더러운 시궁창과 같다. 〈사분율〉

12월 18일

파멸의 문은 곳곳에서 열린다

여자에 빠지고, 술에 빠지고, 노름에 빠져서 평생동안 모은 재산을 모두 하루아침에 날려 버리는 사람이 있다.

이것은 곧 파멸의 문이다.

늙은 사내가 젊은 여자에게 미쳐 그녀의 생각 때문에 도무지 잠을 이루지 못하는 것, 이것은 파멸의 문이다. 〈수타니파타〉

12월 19일

이런 사람과는 절대로 사귀지 말라

살생하는 사람과 가까이 하면 살생을 배우고, 도둑질하는 사람과 가까이 하면 도둑질을 배우고, 마음이 약하고 음탕한 사람과 가까이 하면 음탕함을 배우고, 거짓말하는 사람과 가까이 하면 거짓말을 배우고, 술 마시는 사람과 가까이 하면 술을 배우게 된다.

그러므로 반드시 벗을 가려 사귀어야 한다. 〈사리불아비담론〉

12월 20일

부부 사이는 인간관계의 기본이다

부부 사이야말로 인간관계의 기본이다.

이 부부 사이의 관계, 그 바탕 위에서 자식과의 관계가 이루어지고, 이어서 형제, 상하의 관계가 이루어진다.

그러므로 그 바탕이 올바르다면 나머지 인간관계는 잘못될 것이 없다. 〈아함경〉

12월 21일

가정이 화목하면 복이 절로 찾아온다

믿음을 가지고 가정이 화목하면 복과 좋은 일이 저절로 찾아온다.

이 세상의 복이란 자신의 행위에서 오는 결과일 뿐 결코 신이 내려주는 것이 아니다. 〈아난문사불길흉경〉

12월 22일

부모를 공경하는 것이 최상의 즐거움이다

사람으로서 아버지를 공경하는 것은 몹시 즐거운 일이다.

어머니를 공경하는 것 또한 몹시 즐거운 일이다.

그리고 수행자를 공경하는 것은 더욱 즐거운 일이다. 〈소부경전〉

12월 23일

모든 것을 떨쳐 버리고 한마음으로 열반을 찾아라

사슴이 샘을 찾아 물을 마시려고 하지만, 사냥꾼은 자비심이 없어 사슴을 죽여 버린다.

어리석은 자도 역시 그와 같다. 세상일에 몰두하다 죽음이 갑자기 닥치면, 누가 그와 같은 그대를 보호할 것인가?

그대가 사랑하며 즐겁다고 여기던 것들을 모두 떨쳐 버리고 한마음으로 열반을 찾아라. 〈좌선삼매경〉

12월 24일

백발이 되었다고 어른이 되는 것은 아니다

백발이 되었다고 해서 모두 존경받는 어른이 되는 것은 아니다.

만약 어떤 사람이 하는 일없이 그저 나이만 먹었다면, 그는 어른이 아니라 어리석은 늙은이에 불과하다. 〈우다나 바르카〉

12월 25일

오직 진리의 길로 나아갈 때만 비로소 영혼은 깨끗해진다

그대가 아무리 몸을 청결하게 씻는다 해도 그대 영혼까지 깨끗하게 할 수는 없다.

그대의 영혼을 깨끗하게 하는 길은 오직 진리의 길로 나아갈 때만 비로소 그대의 영혼은 깨끗하게 정화된다. 〈우다나〉

12월 26일

근심과 곤란으로서 세상을 살아가라

세상살이에 어려움이 없으면 남을 업신여기는 마음과 사치한 마음이 생긴다.

그래서 부처님께서 "근심과 곤란으로서 세상을 살아가라"라고 말씀하셨다. 〈보왕삼매론〉

12월 27일

벗을 사귈 때 다섯 가지를 조심해라

벗을 사귈 때는 다섯 가지를 조심해야 한다. 옳지 못한 것을 보거든 조용히 충고해 고치게 하며, 비록 작은 일이라도 위급한 상황에 빠졌을 때에는 달려가 성심껏 도와주며, 그의 이야기는 남에게 퍼뜨리지 말며, 항상 공경하는 마음으로 사랑하고 칭찬하며, 좋은 물건은 서로 나누어 가져야 한다. 〈육방예경〉

12월 28일

광야를 묵묵히 가고 있는 무소의 뿔처럼 혼자서 가야 한다

세상의 살아 있는 것들에게 폭력을 쓰지 말고, 살아 있는 것들을 결코 괴롭히지 말며, 너무 많은 자녀와 친구를 갖고자 하지도 말고, 저 광야를 묵묵히 가고 있는 무소의 뿔처럼 혼자서 가야 한다. 〈수타니파타〉

12월 29일

생사를 버리고 모든 의혹을 넘어선 사람들에게 공양을 바쳐라

생과 사를 모두 버리고 모든 의혹을 넘어선 사람들, 그들에게 때때로 공양을 바쳐야 한다.

복덕을 구하는 바라문婆羅門은 그들을 공양해야 한다. 자기를 의지하여 세상을 돌아다니고, 아무것도 가진 것 없이 모든 일로부터 해탈한 사람들, 그들에게 공양을 바쳐야 한다.

복덕을 구하는 바라문은 반드시 그들을 공양해야 한다. 〈수타니파타〉

12월 30일

중생을 구제하는 두 가지 착한 가르침

두 가지 착한 가르침이 있어 중생을 구제하나니, 첫째는 참懺이요, 둘째는 괴愧다.

참은 스스로 죄를 짓지 않는 것이요, 괴는 남으로 하여금 죄를 짓지 않게 하는 일이다.

참은 마음속으로 자신의 죄를 부끄러워하는 것이요, 괴는 자신의 죄를 남에게 고백하는 것이다.

참은 사람에게 부끄러워함이요, 괴는 하늘에 대해 부끄러워함이다.

이 두 말을 합쳐서 '참괴'라 하니, 참괴가 없는 사람은 곧 사람이라고 할 수 없다. 〈열반경〉

12월 31일

부처님의 가르침을 잘 실천하여 무거운 짐을 벗어 버린다

우리는 죽음을 결코 기뻐하지 않는다. 그리고 삶도 기뻐하지 않는다.

자신의 생각을 가다듬어 다소곳하게 죽음이 올 날을 기다린다.

우리는 스승(부처님)을 섬겼다. 그리고 스승의 가르침을 잘 실천하여 이제 무거운 짐은 벗어 버렸다.

헛된 삶의 구렁텅이로 빠져드는 불행은 단절되었다. 출가하여 집 없는 삶을 시작한 목적을 달성했다.

그것은 세상의 모든 속박에서 벗어나는 것이다. 〈장로게경〉

깨달음의 말씀 365일
부처님, 사는 게 무엇입니까?

인쇄 2020년 6월 20일
발행 2020년 6월 25일

이강래 엮음
홍철부 펴냄

펴낸곳 문지사
등록 제25100-2002-000038호
주소 서울특별시 은평구 갈현로 312
전화 02)386~8451/2
팩스 02)386~8453

ISBN 978-89-8308-556-6 (02100)

값 13,000원